Knowledge House   Walnut Tree

Knowledge House | Walnut Tree

白巍 戴和冰 主編

董光璧 著

中華文化輕鬆讀 03

展現悠久歷史
探尋中華文化

格致經世

中國科技
一個文明國度的價值與魅力

總　序

　　時下介紹傳統文化的書籍實在很多，大約都是希望通過自己的妙筆讓下一代知道過去，了解傳統；希望啓發人們在紛繁的現代生活中尋找智慧，安頓心靈。學者們能放下身段，走到文化普及的行列裏，是件好事。《中華文化基本叢書》書系的作者正是這樣一批學養有素的專家。他們整理體現中華民族文化精髓諸多方面，取材適切，去除文字的艱澀，深入淺出，使之通俗易懂；打破了以往寫史、寫教科書的方式，從中國漢字、戲曲、音樂、繪畫、園林、建築、曲藝、醫藥、傳統工藝、武術、服飾、節氣、神話、玉器、青銅器、書法、文學、科技等內容龐雜、博大精美、有深厚底蘊的中國傳統文化中擷取一個個閃閃的光點，關照承繼關係，尤其注重其在現實生活中的生命性，娓娓道來。一張張承載著歷史的精美圖片與流暢的文字相呼應，直觀、具體、形象，把僵硬久遠的過去拉到我們眼前。本書系可說是老少皆宜，每位讀者從中都會有所收穫。閱讀本是件美事，讀而能靜，靜而能思，思而能智，賞心悅目，何樂不爲？

　　文化是一個民族的血脈和靈魂，是人民的精神家園。文化是一個民族得以不斷創新、永續發展的動力。在人類發展的歷史中，中華民族的文明是唯一一個連續五千餘年而從未中斷的古老文明。在漫長的歷史進程中，中華民族勤勞善良，不屈不撓，勇於探索；崇尚自然，感受自然，認識自

然，與自然和諧相處；在平凡的生活中，積極進取，樂觀向上，善待生命；樂於包容，不排斥外來文化，善於吸收、借鑒、改造，使其與本民族文化相融合，兼容並蓄。她的智慧，她的創造力，是世界文明進步史的一部分。在今天，她更以前所未有的新面貌，充滿朝氣、充滿活力地向前邁進，追求和平，追求幸福，勇擔責任，充滿愛心，顯現出中華民族一直以來的達觀、平和、愛人、愛天地萬物的優秀傳統。

什麼是傳統？傳統就是活著的文化。中國的傳統文化在數千年的歷史中產生、演變，發展到今天，現代人理應薪火相傳，不斷注入新的生命力，將其延續下去。在實踐中前行，在前行中創造歷史。厚德載物，自強不息。是為序。

湯一介

序

百技千秋的科學史話

　　現代文化人類學意義上的「文化」概念是相對「自然」而言的，它包括人類的一切活動及其創造物。自然演化偶然地產生了人類，而人類又創造了燦爛的文化。自然是人類的生存條件，文化是人類的生存方式。既屬於自然又屬於文化的人類，就生活在自然和文化的夾縫中。人類的這種二重屬性決定著他在自然和文化之間的尷尬地位，既不能脫離自然又不能停止文化創造。這種尷尬地位所造成的人的精神分裂，是人類生活中一切善惡的總根源。文化的發展經過蒙昧和野蠻而進入文明時代，而文明又有農業文明到工業文明的轉變。「文明要經過歷史的考驗而存活下來」，比利時─美國科學史學家薩頓（George Alfred Leon Sarton, 1884─1956）早在1930年就指出，對於以科技爲基礎的當代工業文明「我們還沒有經過」這種歷史的考驗。

　　「科技」這個詞是一個複合詞，包含「科學」和「技術」兩個概念。嚴格意義上的科學，即邏輯推理、數學描述和實驗檢驗緊密結合的知識體系，是通過科學革命而誕生於十七世紀歐洲的。科學的源頭被追溯到古代

希臘文明，並因而有「古希臘科學」之說。人們也在文明比較的意義上，談論「古阿拉伯科學」「古印度科學」和「古中國科學」等諸多古代科學。可以這樣談論的理由正如英國生物化學家和科學史學家李約瑟（Joseph Terence Montgomery Needham, 1900－1995）所說，直到十五世紀末，東方人和西方人大體一樣，都各自企圖解決同樣性質的問題，而沒能很好地領悟和自覺掌握我們今天所熟悉的科學的方法和精神。技術則幾乎與人類的歷史同樣悠久，但古代的技術發明源於經驗，而現代技術則多是科學原理的衍生物。

今天的人類已經在哲學深度上認識到，物質、能量和資訊是世界的三大要素，科技就其本質而言無非是認識和利用物質變化、能量轉換和資訊控制。科技的價值實現依賴於工程和產業的運作，科學認識、技術發明、工程實踐和產業開發形成一條價值鏈，同時也體現人類科技活動系統的層次結構。科技作為文明的組成部分有其預期的目標和演化的歷史，目標可區分為開發生活資源、擴大生存空間和保護環境安全三大方向，歷史可表徵為權勢主導、經濟主導和智力主導三大階段。

英國農學家和科學史學家丹皮爾－惠商（William Cecil Dampier-Whetham, 1867－1952），在其著作《科學史及其與哲學和宗教的關係》（1929）第一章「古代世界的科學」中說，「在歷史的黎明期，文明首先在中國以及幼發拉底河、底格里斯河、印度河和尼羅河幾條大河流域從蒙昧中誕生出來。」薩頓曾經寫過一篇隨筆《東方和西方的科學》（1930），引用了拉丁文古訓「光明來自東方，法律來自西方」（Ex oriente lux, ex occidente lex），強調「西方全部形式的科學種子來自東方」。李約瑟的多卷本《中國科學技術史》（*Science and Civilisation in China*，1954 年以來陸續出版），鼎力推薦中國文明中的科技成就。

中國地處歐亞大陸的東端，從青藏高原伸展到太平洋。數千萬年前的

青藏高原是一片海洋，幾百萬年前才隆起成爲高原。發源於這裏的黃河和長江就是孕育中華五千年文明的搖籃，傳說中的三皇五帝業績大體上有了考古證據的支持，夏、商、周三代的歷史面目越來越清楚。春秋戰國時代的百家爭鳴奠定了中華文明的理性基礎，在君主專制的體制和儒道互補的思想背景下發展的中國科技，在秦漢時期形成自己的諸學科範式，其後經歷了南北朝、北宋和晚明三次高峰期。

中國啓蒙思想家梁啓超（1873—1929）在其論文《中國史敘論》（1901）中，把中國的歷史劃分爲中國之中國、亞洲之中國和世界之中國三大時期。自黃帝以迄秦之統一是中國之中國，即中國民族自發達、自競爭之時代。自秦統一至清代乾隆末年是爲亞洲之中國，即中國民族與亞洲各民族交涉頻繁和競爭最烈之時代。自乾隆末年以至今日是爲世界之中國，即中國民族聯同全亞洲民族與西人交涉競爭之時代。在其翌年發表的論文《論中國學術思想變遷之大勢》（1902）中，「中國民族」又被代之以「中華民族」。

《馬可 · 波羅遊記》（1298）曾引發歐洲人幾個世紀的東方情結。文藝復興時期佛羅倫斯畫家施特拉丹烏斯（Johannes Stradanus or Giovanni Stradano or Jan van der Straet, 1523—1605），在他的木刻畫《新發現》（*Nova Reperta*, 1580）中繪製了九項所謂古人不知的「新發現」，即美洲大陸圖、磁羅盤、火炮、印刷機、馬鐙、機械鐘、治療梅毒的熱帶木、蒸餾器和蠶絲。二十世紀的科學史研究表明，除發現美洲大陸和治療梅毒的熱帶木兩項外，其餘各項都有其中國的先驅。東印度公司的商船和隨船東進的傳教士無意中創造了一個「中國潮」。商人們販運到歐洲的中國絲綢、瓷器、茶葉和漆器等技術產品，來華傳教士們介紹中國的幾百部著作，比十字軍東征（1096—1291）、蒙古人的西征（1219—1260）、鄭和使團下西洋（1405—1433），更能激發歐洲人的創造靈感。

自然界中的生命之所以生生不息，是因爲採取了兩性繁殖的策略。作

為自然演化之延續的文化演化也類似於生物的兩性繁殖，文明的演進就根源於不同文明之間的衝突融合，或強勢文化同化弱勢文化或結合兩種文化基因形成新文明。英國歷史學家威爾斯（Herbert George Wells, 1866—1946）的《世界史綱》（*The Outline of History*, 1920）描繪了工業文明如何在遊牧與農耕兩種文化的衝突融合中誕生於歐洲的歷史。中華民族在人類創造工業文明的進程中是落伍的，工程和產業之價值取向的權力主導滯緩了中國歷史的車輪，最終以引進西學的方式走向現代化。面對工業文明威脅的中華民族，通過西學東漸、洋務運動和新文化運動三部曲，完成了從傳統到近代的心態轉變，實現了由格致到科學的知識銜接。

科學和技術是人類文明的重要組成部分，在西元前五世紀前後印度、中國和希臘三個文明中心率先產生了理性的科學文化。在古希臘科學繁榮和近代科學誕生之間的所謂中世紀的千餘年間，希臘科學衰退而阿拉伯科學和中國科學興旺發達，並且正是希臘科學傳統和中國技術傳統在阿拉伯匯合並漸次傳往歐洲而促成了科學的誕生。科學誕生後的繼續發展是一個世界化的過程，各文明區的科學現代化都是科學世界化總進程的一部分。各文明孕育的古代科技也是接受和發展世界化科學的基礎，因為自然規律不因發現它的民族而異，差別主要在表達形式和自然觀方面。中華悠久文明中的科學傳統，其科學成就、科學方法和科學精神，不僅對科學的成長做出了貢獻，更對科學的未來發展提供了啓示。

目　錄

1　東方之光—亞洲之中國

百家爭鳴的科學理性 ...3

傳統科技的五大學科 ...6

科技發展的三次高峰 ...14

2　科學發現—思想之禮物

畢氏定理—形數統一的風範 ...23

渾天座標—生而具有現代性 ...26

小孔成像—觀察實驗的方法 ...29

經絡學說—整體論的人體觀 ...32

海陸變遷—將今論古的推理 ...36

救荒本草—人道引領的科學 ...40

3　技術發明—革命之工具

印刷術—文字的載體 ...45

黑火藥—槍炮的能源 ...50

指南針—方位的信息 ...54

蒸餾器—物質的分析 ...57

種痘法—預防的醫學 ...60

平均律—科學的藝術 ...64

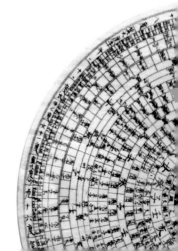

4　工程實踐——世界之遺產

都江堰——生態工程 ...69

萬里長城——北疆防線 ...74

京杭大運河——經濟命脈 ...79

水運儀象台——文化節奏 ...83

周公測景台——窺測天機 ...86

鄭和下西洋——海外交往 ...89

5　產業開發——中華之名片

青銅——後來居上 ...95

鑄鐵——從天而降 ...99

絲綢——以身名國 ...104

瓷器——與國齊名 ...108

茶葉——紳士氣派 ...112

漆器——第一塑膠 ...115

6　再造輝煌——世界之中國

從傳統到現代的心態轉變 ...121

由格致到科學的知識銜接 ...127

現代科學技術體系的興建 ...131

化傳統遺惠爲創造的源泉 ...137

參考文獻

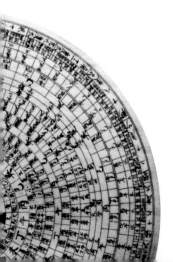

格致經世

中國科技

1

東方之光
——亞洲之中國

▌ 百家爭鳴的科學理性

春秋戰國時期（前 770─前 221）的周王室失去了對諸侯國的控制權，百餘諸侯國之間頻繁征戰形成所謂的春秋五霸和戰國七雄，即齊、宋、晉、秦、楚五霸和齊、楚、燕、韓、趙、魏、秦七雄。政治權力的分散提供了人才流動的機會和自由思想的空間，百家爭鳴的稷下學宮在齊國應運而生。齊桓公田午（前 400─前 357）出於政治需要，標榜「尊賢重士」以招攬治國人才。齊威王初年建稷下學宮，引各派著名學者薈萃，「不治而議」的士人出謀劃策、製造輿論。各諸侯國國君爭相效仿田齊養士，士人得以像鳥兒「擇木而棲」那樣選擇國君。魏人商鞅（約前 395─前 338）離魏就秦，齊人鄒衍（約前 305─前 240）棄齊侍燕。齊宣王時期的稷下學宮「數百千人」，不同政見和不同學術觀點相容並包，各家各派的學者都同樣受到禮遇。與齊威王和齊宣王政見不同的魯人孟軻（前 372─前 289）兩次赴稷下講學，傾向法家思想的趙人荀況（前 313─前 238）三為稷下學宮的「祭酒」。（圖 1-1）（圖 1-2）

百家爭鳴時代是德國思想家雅斯貝斯（Karl Jaspers, 1883─1969）所謂

圖 1-1　孟子（約前 372—前 289）
名軻，戰國時期魯國人

中國古代著名思想家、教育家，
戰國時期儒家代表人物。著有《孟
子》一書。

的樞軸時代（Axial Age，前 800—前 200），
幾大古代文明的文化經典幾乎同時在此期間形
成。中國、印度、波斯和希臘的哲人們的著作，
爲各自的文明奠定了文化基調。德國思想家沃
格林（Eric Voegelin, 1901—1985）的多卷本巨
著《秩序與歷史》（1956—1985），給予中國
文化在樞軸時代所出現的思想躍進以很高的評
價。思想的自由造就了一批傑出的思想家，形
成了儒、墨、道、法、陰陽、名、縱橫、雜、兵、
小說諸家。各家之間的彼此詰難和互相爭鳴，
形成中國思想和文化最爲輝煌燦爛的時代。其
思想自由競爭的精神，成爲後世歷代士人效法
的典範。

　　百家爭鳴時代最重要的文化遺產是五部經
典的形成，即保存有豐富的中國上古歷史資料
的《詩》、《書》、《禮》、《易》、《春秋》。相
傳爲魯人孔丘（前 551—前 479）整理並用於教
學。（圖 1-3）宋人莊周（約前 369—前 286）及
其後學的著作集《莊子》，首先稱它們爲「經」
並謂《詩》以道志、《書》以道事、《禮》以道行、
《易》以道陰陽和《春秋》以道名分。這五經

圖 1-2　荀子（前 313—前 238），名況，字卿，戰國時趙國（今
山西安澤）人

著名思想家、文學家、政治家，儒家代表人物之一，時人尊
稱「荀卿」。曾三次擔任齊國稷下學宮的「祭酒」。著作集《荀
子》，晚年代表作《勸學》。

中的《易》尤為重要，成書於戰國時期的解
《易》著作《易傳》，系統闡發了百家共識
的天人合一觀。中國歷史學家錢穆（1895—
1990）認為，天人合一觀是整個中國思想的
歸宿，也是中國傳統文化對世界的最大貢獻。

　　在百家爭鳴中殷周以來的思想觀念經歷
一次理性的重建。信仰的「天命觀」轉向了
理性的「天道觀」，亦即人格神的「主宰之天」
開始自然化和人文化。這種理性重建區分了
「天道」和「人道」，「仰觀天文，俯察地理」
的觀察精神通過《易傳》的傳播而得以發揚。
鄭人子產（？—前522）宣導人道要遵循天
道和順應自然的「則天說」，魯人子思（前
483—前402）闡明了人類要參與並幫助自然
演化的「助天說」，趙人荀況則提出人類要
依據自然規律駕馭自然的「制天說」。遂有
「人性」和「物理」的分途而治，「生成論」
的變化觀、「感應論」的運動觀、「循環論」
的發展觀等宇宙秩序原理亦被提出，為中國
傳統科學的產生和形成奠定了理性的基礎。
（圖1-4）

圖1-3 孔子（前551—前479），名丘，
字仲尼，春秋時期魯國人

我國古代偉大的思想家、教育家和政
治家，儒家學派創始人，世界最著名
的文化名人之一。編撰了我國第一部
編年體史書《春秋》。

圖1-4 帛書《周易》殘片，西漢（前206—9），1973年
12月湖南長沙馬王堆3號漢墓出土

《易經》也稱《周易》或《易》，是中國最古老的占卜術原
著，是中國傳統思想文化中自然哲學與倫理實踐的根源。有
些專家認為，馬王堆《周易》卦序簡單，應該是較早的本子，
其抄寫時間應在漢文帝初年。

■ 傳統科技的五大學科

　　美籍中國科學史學家席文（Nathan Sivin, 1931—）認為，中國有多種多樣的科學，卻沒有形成一個統一的「科學」概念。在中國古代科學家的心目中，沒有一個各學科相互聯繫的整體科學形象，除了數學與天文建立起聯繫外，天算家在朝廷裏計算曆法，醫生在社會上為人治病，道士在山中煉丹，並不感到有必要彼此發生技術上的聯繫。中國傳統科學的定型是各自獨立的，但是有大體一致的宇宙圖像。

　　秦（前 221—前 206）、漢（前 206—220）時期的中國，不僅完成了諸如造紙、指南車、記里鼓車、手搖紡車、織布機、水碓、龍骨水車、風扇車、獨輪車、鑽井機、渾天儀和候風地動儀等許多重大技術發明，還完成了萬里長城的修建。而且在以劉安（前 179—前 122）為代表的漢代新道家和以董仲舒（前 179—

圖 1-5 指南車（模型）

指南車是中國古代用來指示方向的一種機械裝置。與指南針利用地磁效應不同，它是利用齒輪傳動系統，根據車輪的轉動，由車上木人指示方向的。

圖 1-6 水碓，發明時間最遲在漢代

古代用水力驅動的多碓式舂米機械，水碓的動力機械是一個大的立式水輪，輪上裝有若干板葉，轉軸上裝有一些彼此錯開的撥板，用來撥動碓杆。每個碓用柱子架起一根木杆，杆的一端裝一塊圓錐形石頭。下面的石臼裏放上準備加工的稻穀。流水衝擊水輪使它轉動，軸上的撥板撥動碓杆的梢，使碓頭一起一落地進行舂米。

前 104）爲代表的漢代新儒家思想的影響下，以陰陽五行學說和氣論爲哲學基礎，數學、天學、地學、農學和醫學五大學科各自形成了自己的科學範式。（圖 1-5）（圖 1-6）（圖 1-7）

　　約成書於西漢時期的《九章算術》，劃分爲方田、粟米、衰分、少廣、商功、均輸、盈不足、方程、勾股九章，包括了現在初等數學中的算術、代數和幾何的大部分內容。它總結了秦漢以前的數學成就並確立了中國數學的發展範式，即從實際問題出發建立模型的數學觀、形數結合的數學理論體系和邏輯與直觀結合的數學推理方法。後世中國數學著作多宗《九章算術》體例，成爲漢代以來二千年之久數學之研究和創造的源泉。《九章算術》中有關分數、比例和正負數的概念和運算的提出，早於印度八百年並早於歐洲千餘年，它與古希臘《歐幾里得幾何原本》相媲美而東西輝映。

（圖 1-8）

圖 1-8 《九章算術》，西漢後期或東漢前
期成書，圖為宋刻本書影

《九章算術》是中國古代數學專著，其作
者不詳。該書綜合了中國從先秦一直到西
漢的各種數學知識。

圖 1-9 漢代牛耕圖

形象生動地反映了漢代人們田間耕作場景
和牛耕技術。從牛耕圖和出土的鐵犁鏵、
鐵犁壁看，漢代耕犁呈方架形，木製部件
有犁床、犁箭、犁轅、犁梢、犁衡等；鐵
質部件有犁鏵、犁壁。

西漢末年氾勝之（生卒年不詳）所著《氾勝之書》（具體成書時間不
詳）二卷十八篇，現存傳本僅為原書的一小部分。書中所總結的耕作栽培
總原則，包括「趣時」「和土」「務糞」「務澤」「早鋤」「早獲」等六
個技術環節。該書反映了鐵犁牛耕基本普及條件下的中國農業科學技術水

圖1-10 張衡（78—139），字平子，南陽西鄂（今河南南陽市石橋鎮）人（曾舒叢／摹）

東漢時期偉大的天文學家、數學家、發明家、地理學家、製圖學家、文學家、學者，在漢朝官至尚書，爲中國天文、機械技術、地震學的發展做出了不可磨滅的貢獻。

準，同時也開創了中國農書中作物各論的先例。它那以總論和各論描述農作物栽培的範式，成爲其後重要綜合性農書所沿襲的寫作體例。（圖1-9）

東漢張衡（78—139）著《靈憲》並製渾天儀，闡述宇宙如何從混沌的元氣演化出渾天結構的物理過程，包括天地的生成、天地的結構以及日月星辰的本質及其運動等諸多問題。它把中國古代天文學水準提升到一個前所未有的新階段，並且作爲主導範式一直指引著中國傳統天文學的發展。在世界天文學史上，《靈憲》亦屬不朽之作，它所代表的思想傳統與同一歷史時期托勒密（Ptolemy, 90—168）的《至大論》（*Almagest*）所代表的西方古代宇宙結構亙古不變的思想傳統大異其趣，卻與現代宇宙演化學說的精神契合相通。（圖1-10）（圖1-11）

東漢班固（32—92）所著《漢書・地理志》，可區分爲卷首、正文和卷末三部分。卷首全錄前代地理著作《禹貢》和《周禮・職方》兩篇，作爲主體的正文以郡縣爲綱目詳述西漢疆域、區劃地理概況，卷末輯錄了以《史記・貨殖列傳》爲基礎的劉向（前77—前6）的《域分》和朱贛的《風俗》。《地理志》的體例特徵是將自然地理和人文地理現象分系於相關的

圖 1-11 渾儀，漢代或漢代前已出現，圖爲北京古觀象台博物館的渾儀

渾儀是以渾天說爲理論基礎製造的測量天體的儀器。最基本的渾儀，具有固定不動的赤道環與能繞軸旋轉的赤徑環，赤徑環上裝置有窺管。

政區之下，從政區角度來瞭解各種地理現象的分佈及其相互關係。班固首創的這種「政區地理」模式和人文地理觀爲後世正史和地方誌所尊奉，奠

11

定了以沿革地理和疆域地理爲主的中國傳統地理學範式的基礎。（圖1-12）（圖1-13）

約成書於東漢的《黃帝內經》，包括《素問》九卷八十一篇和《靈樞》九卷八十一篇，合計十八卷一百六十二篇計二十萬言，總結了春秋至戰國時期以降的醫療經驗，闡述了中醫學理論體系的基本內容。它以藏象、經絡和運氣等範疇，建立了一種對生理、病理和治療原理予以整體說明的模式。作爲中國現存成書最早的醫學典籍，成爲中國二千年來傳統醫學理論範式，爲中醫學的發展奠定了基礎。中醫學史上的著名醫家和醫學流派，都是在

圖1-12 班固（32—92），字孟堅，扶風安陵（今陝西咸陽東北）人

東漢官吏、史學家、文學家。典校祕書，潛心二十餘年，修成《漢書》，後撰《白虎通德論》，並善辭賦，有《兩都賦》等著作。

圖1-13 《禹貢》所載隨山濬川之圖，宋代復原圖，現藏於北京圖書館

該地圖主要表示了當時九州（冀、兗、青、徐、豫、揚、荊、雍、梁）和各州郡的山脈、河流、湖泊、四夷等要素，對一些重要地名及九州界線都注有文字說明，該圖是古今對照的歷史地圖。

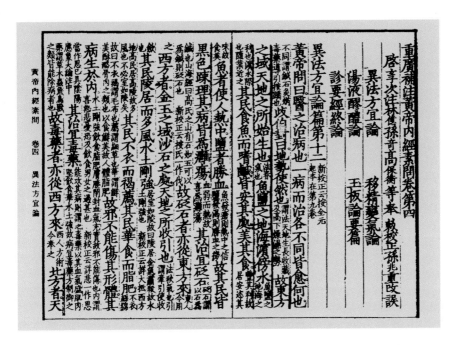

圖 1-14 《黃帝內經素問》之《異法方宜論》（局部）

《黃帝內經素問》原書九卷八十一篇，論述了養生保健、陰陽五行、藏象、病因病機、診法學說、治則學說。歷史、地理、民生、風俗和特點，以及中外交通和交流的情況。

《黃帝內經》理論體系的基礎上發展起來的。（圖 1-14）

▌科技發展的三次高峰

在儒道互補推進的文化背景下，中國傳統科技的繼續發展，以三次高峰展示其心路歷程和行動軌跡。先後在南北朝、北宋和晚明時期出現的三次高峰，每次高峰期都是明星燦爛、巨著迭出，在百年左右的時期內出現數名傑出人物，他們在科學技術史上都有一定的地位。

以魏晉玄學爲特徵的新道學思想解放運動，催生了五世紀中葉到六世紀中葉中國傳統科學技術的第一次高峰。南朝宋（420—479）數學家祖沖之（429—500）計算圓周率 π 值到七位小數，這一精度的紀錄保持近千年之久，直到 1427 年才有阿拉伯數學家阿爾・卡西（Al-Kashi，約1380—1429）得到比之更精確的數值。北齊（550—577）天文學家張子信（生卒年不詳）經三十多年的觀測發現了太陽和五星視運動的不均勻性（約 565），爲後世的太陽和五星視運動研究開闢了新方向。北魏（386—534）地理學家酈道元（約 470—527）的《水經注》（成書年代不詳）開創以水道爲綱綜合描述地理的新形式。北魏農學家賈思勰（約 479—544）的《齊民要術》（成書於 533—544）標誌著中國古代農學體系的形成。南

齊（479—502）醫藥學家陶弘景（456—536）的《神農本草經集注》（494）將人文原則的「三品」分類法改爲依藥物自然來源和屬性的分類法，開闢了本草學的新理論體系。（圖 1-15）（圖 1-16）（圖 1-17）

以理學爲旗幟的新儒學的理性精神，在十一世紀中葉到十二世紀中葉的北宋時期，把中國傳統科學技術推向頂峰。沈括（1031—1095）的《夢溪筆談》（1086—1093）記載的布衣畢昇（約 970—1051）發明膠泥活字（約 1045），軍事著作家

圖 1-15 祖沖之（429—500），字文遠，祖籍范陽郡遒縣（今河北淶水縣）

中國南北朝傑出的數學家和天文學家，其主要貢獻在數學、天文曆法和機械三方面。世界數學史上祖沖之第一次將圓周率（π）值計算到小數點後七位，即 3.1415926 到 3.1415927 之間。

圖 1-16 《水經注》，北魏酈道元著，圖爲刻本書影

我國古代較完整的一部以記載河道水系爲主的綜合性地理著作，在我國長期歷史發展進程中有過深遠影響，自明清以後不少學者從各方面對它進行了深入細緻的專門研究，形成了一門內容廣泛的「酈學」。

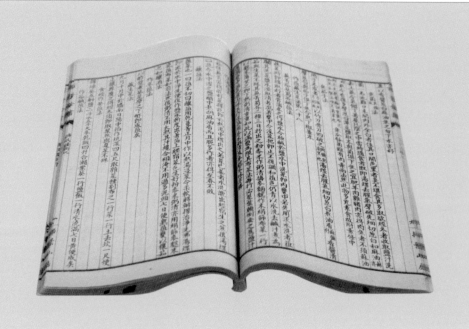

圖 1-17　《齊民要術》，大約成書於北魏末年，農學家賈思勰
著（四川郫縣川菜博物館藏）

一部綜合性農書，也是世界農學史上最早的專著之一，當時世
界上最完整的農書。《齊民要術》系統地總結了六世紀以前黃
河中下游地區農牧業生產經驗、食品的加工與貯藏、野生植物
的利用等，對中國古代農學的發展有重大影響。

曾公亮（998—1078）和丁度（990—1053）主編的《武經總要》（1044）
記載的火藥配方和水羅盤指南魚的製造方法，是影響世界歷史進程的三大
技術發明。數學家賈憲（生卒年不詳）在其《黃帝九章算經細草》（約
1050 年）中創造的開方作法本原和增乘開方法，六百年後才有法國數學家
帕斯卡（Blaise Pascal, 1623—1662）達到同一水準。天文學家蘇頌（1020—
1101）在其《新儀象法要》（1094）中，描述了他與韓公廉（生卒年不詳）
等人合作創建的水運儀象台，其中有十幾項屬於世界首創的機械技術，包
括領先世界八百年的擒縱器。建築學家李誡（1035—1110）著《營造法式》

（1100年），全面而準確地反映了當時中國建築業的科學技術水準和管理經驗，作爲建築法規指導中國營造活動千年左右。醫學家王惟一（987—1067）主持鑄造針灸銅人並著《銅人腧穴針灸圖經》（1027），對針灸技術的發展起了巨大的推動作用。（圖1-18）（圖1-19）

在實學功利思想的影響下，十六世紀中葉到十七世紀中葉的晚明時期，以

圖1-18 沈括（1031—1095），字存中，杭州錢塘（今浙江杭州）人

宋代傑出的科學家，於天文、方志、律曆、音樂、醫藥、卜算均有建樹。他曾出使契丹，將走過的山川道路，用木材製成立體模型。在物理學上對「磁偏角」「凹面鏡」「共振」等作出了自己的解釋與證明。化學上「石油」這一名稱，始於《夢溪筆談》，一直沿用至今。

圖1-19 《夢溪筆談》，大約成書於1086—1093，沈括著，圖爲卷十八雕版（中國印刷博物館藏）

《夢溪筆談》共有三十卷，分十七類六百零九條，共十餘萬字，涉及了古代自然科學所有的領域。

圖1-20 李時珍（1518—1593），字東璧，晚年自號瀕湖山人，湖北蘄春人

中國古代偉大的醫學家、藥物學家，李時珍曾參考歷代有關醫藥及其學術書籍八百餘種，結合自身經驗和調查研究，歷時二十七年編成《本草綱目》一書，是我國古代藥物學的總結性巨著，另著有《瀕湖脈學》。

圖1-21 《本草綱目》書影，成書於1578年，李時珍著（中國阿膠博物館藏）

共收錄中藥一千八百三十二種，共五十二卷。李時珍根據古籍的記載和自己的親身實踐，對各種藥物的名稱、產地、氣味、形態、栽培、採集、炮製等做了詳細介紹。

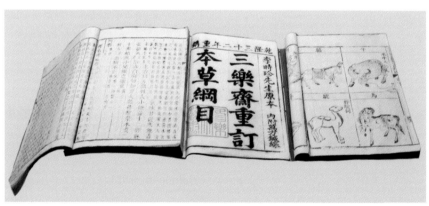

綜合為特徵的一批專著展現了中國傳統科學技術的最後一道光彩。醫藥學家李時珍（1518—1593）的《本草綱目》（1578）提出了接近現代的本草學自然分類法，該書不僅為其後歷代本草學家傳習，並傳到日本和歐洲諸國，被生物進化論創始人達爾文（Charles Robert Darwin, 1809—1882）等

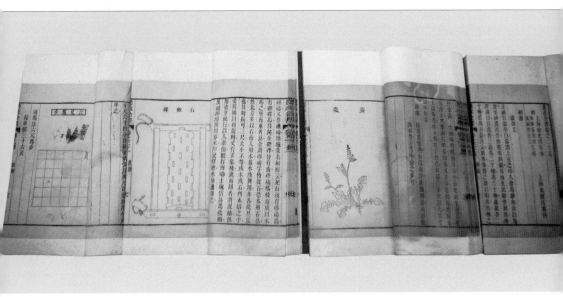

圖1-22 《農政全書》，崇禎十二年（1639）刻板付印，徐光啓（1562—1633）編著，圖為刻本（上海徐匯區徐光啓紀念館藏）

全書共六十卷，約七十萬字，按內容大致上可分為農政措施和農業技術兩部分。前者是全書的綱，後者是實現綱領的技術措施。所以在書中人們可以看到開墾、水利、荒政等一些不同尋常的內容。

現代科學家引用。音律學家、數學家和天文學家朱載堉（1563—1610）的《律學新說》（1584）數學地解決了十二平均律的理論問題，領先法國數學家和音樂理論家梅森（Marin Mersenne, 1588—1648）半個世紀，並受到德國物理學家亥姆霍茲（Hermann von Helmholtz, 1821—1894）的高度評價。天文學家、農學家徐光啓（1562—1633）的《農政全書》（1639）對農政和農業進行系統的論述，成為中國農學史上最為完備的一部集大成的總結性著作。縣學教諭和科技著作家宋應星（1587—1666）的《天工開物》（1637）簡要而系統地記述了明代農業和手工業的技術成就，其中包括許多世界首創的技術發明，從十七世紀末就開始傳往海外諸國，迄今仍為許多國內外學者所重視。旅行家和地理學家徐弘祖（1586—1641）的《徐霞

圖 1-23 《天工開物》——養蠶　　　圖 1-24 《天工開物》——碾碎穀物的土礱

《天工開物》初刊於明崇禎十年（1637），宋應星（1587—1666）著。該書對中國古代的各項技術進行了系統的總結，構成了一個完整的科學技術體系。收錄了農業、手工業、工業——諸如機械、磚瓦、陶瓷、硫黃、燭、紙、兵器、火藥、紡織、染色、製鹽、採煤、榨油等生產技術。尤其是機械，更是有詳細的記述。

客遊記》（1640）描述了百餘種地貌形態，在喀斯特地貌的結構和特徵的研究領域領先世界百餘年。醫學家吳又可（1582—1652）在其著作《瘟疫論》（1642）中提出「戾氣」說，認爲溫病乃天地間異氣從口鼻入侵所致，與二百年後法國化學家和微生物學家巴斯德（Louis Pasteur, 1822—1895）

20

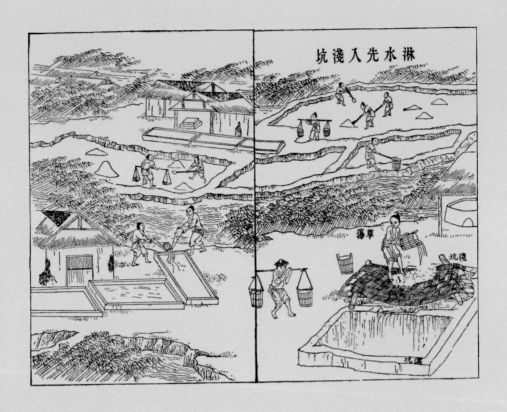

圖 1-25　《天工開物》──曬鹽

的細菌學說有頗多相似之處。（圖 1-20）（圖 1-21）（圖 1-22）（圖 1-23）（圖 1-24）

（圖 1-25）

格致
經世

中國科技

②

科學發現
——思想之禮物

■ 畢氏定理──形數統一的風範

凡學過平面幾何學的人都知道,設 a 和 b 分別為直角三角形的直角的兩條邊長,則斜邊的邊長 c 與 a、b 滿足關係式 $c^2 = a^2 + b^2$。西方人稱其為畢達哥拉斯定理,因為相傳是古希臘哲學家畢達哥拉斯(Phthagras)在西元前 550 年發現的,歐幾里得(Euclid,約前 330─前 275)的《幾何原本》給出了證明。中國人稱它為商高定理,因為《周髀算經》中記載了西元前十一世紀的數學家商高談到過這個關係式的一個特例。又因為在商高定理中與 a、b、c 對應的是勾、股和絃,而稱其為畢氏定理,即直角三角形的兩條直角邊的平方和等於斜邊的平方。(圖 2-1)

圖 2-1 《周髀算經》,成書於西漢,圖為南宋傳刻本書影

算經的十書之一,原名《周髀》,天文學著作。其中涉及部分數學內容,有畢氏定理、比例測量與分數四則運算。《周髀算經》記載了畢氏定理的公式與證明,相傳是在周代由商高發現,故又有稱之為商高定理。

23

《周髀算經》這部數理天文學著作，也是流傳下來的中國最早的數學著作，一般認爲成書於西元前一世紀。該書卷上記載了商高答周公問和陳子答榮方問，前者有畢氏定理的一個特例 $3^2+4^2=5^2$，並且說早在大禹時代就用其治理洪水，後者有應用畢氏定理和比例演算法測量太陽高遠和直徑的內容。在稍後的《九章算術》「勾股術」列爲專章，給出畢氏定理的一般性表達「勾股各自乘並而開方除之即弦」，以及解勾股形和若干測望問題的方法。（圖2-2）

中國古人不僅很早就發現並應用畢氏定理，而且很早就嘗試對其進行理論的證明。三國時期吳國的數學家趙爽，借助「勾股圓方圖」以形數結合的方法，給出畢氏定理的最早證明。他的這種用幾何圖形的截、割、拼、補來證明代數式之

圖 2-2　《周髀算經注》弦圖書影

趙爽深入研究了《周髀算經》，爲該書寫了序言，並作了詳細注釋。其中一段五百三十餘字的「勾股圓方圖」注文是數學史上極有價值的文獻。用數形結合的方法，給出畢氏定理的詳細證明。

圖 2-3　劉徽，三國時魏國人

我國古代數學家。所著《九章算術注》不僅奠定了中國古典數學理論的基礎，而且取得了許多重大的數學創新成果。

圖 2-4 柏拉圖、畢
達哥拉斯和梭倫，
十六世紀，羅馬尼
亞修道院壁畫

柏拉圖，古希臘唯
心論哲學家和思想
家。畢達哥拉斯，
古希臘哲學家、
數學家和音樂理論
家。梭倫，雅典改
革家及執政官。

間的恒等關係的做法，成為其後中國古代數學家效法的典範。例如稍後的
劉徽也是用「以形證數」的方法證明畢氏定理的，只是具體圖形的分合移
補略有不同而已。（圖 2-3）

　　畢達哥拉斯、柏拉圖和歐幾里得先後給出勾股數組公式，趙爽以勾
股圓方圖建立的十九個勾股數，給出勾股數相互關係的公式。《九章算
術》又給出世界最早的勾股數組通解公式，把勾股代數學推到最高峰。數
量關係與空間形式往往是形影不離地並肩發展著，法國人笛卡兒（Rene
Decartes, 1596－1650）發明解析幾何學，正是中國數學傳統中「形數統一」
思想的重現與繼續。（圖 2-4）

▍渾天座標──生而具有現代性

　　計量恒星位置有三種經典方法，中國的渾天座標系統、希臘人的黃道座標系統和阿拉伯人的地平座標系統，唯有中國的渾天座標系統與現代天文學的赤道座標系統一致。赤道座標系（equatorial coordinate system）是以天赤道為基本平面的天球座標系。過天球中心與地球赤道面平行的平面稱為天球赤道面，它與天球相交而成的大圓稱為天赤道。天赤道的幾何極稱為天極，與地球北極相對的天極即北天極，是赤道座標系的極。經過天極的任何大圓稱為赤經圈或時圈，與天赤道平行的小圓稱為赤緯圈。天體的赤經和赤緯，不因周日視運動或不同的觀測地點而改變，所以各種星表通常列出它們。（圖 2-5）

　　赤道天球座標系在古代中國被稱為渾天系，它是以時圈與赤道相交點為劃分規則的完善的赤道分區體系。赤道分區的標誌點是通過永不升降的極星和拱極星的指引而確定的，赤道被劃分為二十八份並稱其為二十八宿（宿是月站的意思），每宿由一個特殊的星座標定。二十八宿被歸類為四宮（每宮七宿），東方蒼龍、南方朱雀、西方白虎、北方玄武。對天球大

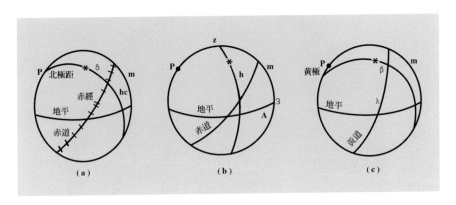

圖2-5 三種天球座標系統：（a）中國──赤道座標系統；
（b）阿拉伯──地平座標系統；（c）希臘──黃道座標系
統

赤道座標系以天極為中心；地平座標系以天頂為中心，
黃道座標系以黃極為中心，這三個中心是不一致的，三
者的空間取向也是有區別的，三種天球座標系統的差異
也正在於此。

圓認識的逐步完善導致渾天宇宙論，它是
將天地看作一個整體，將這個整體比作一
枚雞卵，將地球比作卵中黃，將環繞地球
的天穹比作卵白和卵殼。渾天系把天球視
為地球全方位的延伸，以地體為天地的球
心，以南、北兩天極為軸心，以緣地球表
面向四周延伸的太空為上下四方。（圖2-6）

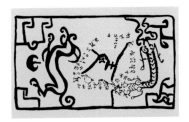

圖2-6 二十八星宿圖，湖北隨縣（今隨
州市）出土的戰國時期的二十八星宿圖
（曾舒叢／摹）

二十八星宿，又名二十八舍或二十八
星，是古代特有的星區劃分方法，它把
沿黃道和赤道附近的星象劃分為二十八
個部分，每一部分叫作一宿。

　　早在西元前十世紀中國就建立了以
二十八宿和北極為基準的赤道座標系統，
西元前五世紀以後逐漸形成了完善的渾天
宇宙論，創製了圭表、漏壺、渾儀、簡儀
和水運天象台等天文儀器，積累了豐富的、
連續的觀測記錄。《甘石星經》記錄了西

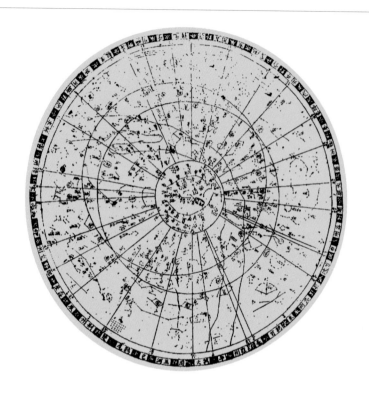

圖 2-7 蘇州石刻星圖

世界現存最古老的石刻星圖之一。是根據北宋元豐年間（1078─1085）的觀測結果刻成的。

元前四世紀戰國時期觀測的八百個恒星的名字和一百二十一顆恒星的方位以及五大行星的運動規律。三國時代就已編製了包括二百八十三個星座一千四百六十五顆恒星的星表，史書中還保留有大量奇異天象紀錄，其中包括西元前 687 年的流星雨紀錄、西元前 613 年的哈雷彗星紀錄、西元前 32 年的極光紀錄、西元前 28 年的太陽黑子紀錄、西元前 134 年的超新星紀錄。中國對「彗孛流隕」有全面和持續的記錄，太陽黑子記錄一百多次，彗星記錄六百多次，日食記錄一千多次，流星雨記錄數千次。直到文藝復興時期都沒有哪個國家比中國的天文觀測更系統、更精密，今天的射電天文學家也還要查閱二千年前中國的新星和超新星紀錄。（圖 2-7）

▋ 小孔成像──觀察實驗的方法

讓太陽光通過一個小孔，在小孔後適當遠的地方放一個螢幕，當太陽光通過小孔照射在白屏上時，螢幕上就會呈現一個太陽的像。或者將帶有小孔的板放置在物體和螢幕之間，當太陽光或以其他光照射物體時，螢幕上就會呈現物體的倒影，並且前後移動這中間隔板還會改變影的大小。這類小孔成像和小孔成影的現象，反映的是光的直線傳播的性質。光的直線傳播是幾何光學的依據，是望遠鏡和顯微鏡以及照相機等光學儀器原理的基礎。光的直線傳播是人類長期大量的觀察所發現，世界上最早的小孔成倒影的實驗出自西元前五世紀的中國墨家。（圖 2-8）

至晚在十二世紀，中國已使用圭表測量

圖 2-8　墨子（約前 468－前 376），名翟，魯人（曾舒叢／摹）

墨子是戰國時期著名的思想家、教育家、科學家、軍事家、社會活動家，墨家學派的創始人。創立墨家學說，並有《墨子》一書傳世。

墨子卷之一
親士第一

入國而不存其士則亡國矣。見賢而不急則緩其君矣，非賢無急，非士無與慮國，緩賢忘士而能以其國存者，未曾有也。昔者文公出走而正天下，桓公去國而霸諸侯，越王勾踐遇吳王之醜而尚攝中國之賢君三子之能達名成功於天下也，皆於其國抑而大醜也。太上無敗，其次敗而有以成，此之謂用民。吾聞之曰：非無安居也，我無安心也；非無足財也，我無足心也。是故君子自難而易彼，眾人自易而難彼。君子進不敗其志，內究其情，雖雜庸民，終無怨心，彼有自信者也。是故爲其所難者，必得其所欲焉，未聞爲其所欲而免其所惡者也。是故偏臣傷君，諂下傷上，君必...

圖2-9 明刻本《墨子》(節選)，戰國時期墨家代表作，墨子門徒編輯

原有七十一篇，現存五十三篇，是一本反映人民思想的哲學書，《墨經》是《墨子》書中的重要部分。

圖2-10 圭表

主表的底座爲明仿元代郭守敬所製，其上銅圭表爲1983年複製，原件現存於南京紫金山天文台。它是應用針孔成像的原理，測定正午時刻投到圭面上的日影長度，推算出冬至、夏至時刻，進而推算出回歸年的長度。

日影的長短規定季節時刻和使用窺管觀測恒星的位置，這些方法都暗含著光的直線傳播性質的應用。戰國時期的墨翟（前468—前376）和他的學生們，設計並進行了世界上第一個小孔成倒影的實驗，以證明光的直線傳播的性質。在一間暗室的朝陽的東牆上開一個小孔，當人對著小孔站在室外時，室內對著小孔的潔白的西牆上就會呈現倒立的人影。對於爲什麼會出現這種現象，墨家以光的直線傳播予以解釋。光穿過小孔如射箭一樣直線行進，人的頭部遮住了上面的光線而成影在下邊，人的足部遮住了下面的光線而成影在上邊，因而形成倒立的人影。在《墨經》這部墨家的著作中，有八條文字記載了他們的直線

光學研究，涉及光與影的關係以及平面鏡、凹面鏡和凸面鏡的反射成像，其中的小孔成像最爲著名。（圖 2-9）（圖 2-10）

二千年以後的十四世紀中葉，天文學家趙友欽（1279－1368）對小孔成像進行了系統的實驗研究，其著作《革象新書》中有對這些實驗的描述。他在一座三層的樓房中，動用二千多支蠟燭作光源，實驗探索小孔成像的規律，是當時世界上絕無僅有的光學實驗。他在兩個方面得出明確的結果，其一是孔與光源和螢幕的距離對成像的影響，其二是孔的大小對成像的影響。在距離影響方面他發現：光源與孔的距離、螢幕與孔的距離都影響像的大小和亮暗，像隨光源與孔的距離增加而變小和變暗；像隨螢幕與孔的距離增加變大和變暗；在光源、小孔、像屏距離不變時成像形狀不變而只有亮暗的差別。在孔徑影響方面他發現：孔的大小影響成像的亮暗和倒正，當孔小時呈較暗的倒像並且與像的形狀和孔的形狀無關，而當孔大時則呈較亮的正像並且像的形狀與孔的形狀相同。

▊ 經絡學說——整體論的人體觀

人體經絡學說是中國傳統醫學理論的核心，中醫以其解釋人體的生理機能、病理機制、臨床症狀，特別用於指導針灸治療。經絡是「經脈」和「絡脈」的總稱。經脈貫通上下，爲縱行的主幹。絡脈是經脈別出的細支，縱橫交錯。經絡相貫，遍佈全身，形成系統。經絡系統的作用是，內屬臟腑，外絡形體，行氣血，營陰陽，濡筋骨，利關節。作爲人體特殊的血氣運行通路的經絡系統，血行脈中而氣行脈外，通過其有規律的循行和複雜的聯絡交會，把人體五臟六腑、肢體官竅及皮肉筋骨等組織緊密地聯結成統一的有機整體。（圖2-11）

圖2-11 《足臂十一脈灸經》（局部），帛書，湖南長沙馬王堆3號漢墓出土

現存最早的經脈學著作之一。

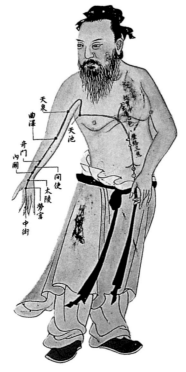

天泉
曲澤
天池
奇門
內關
間使
太陵
勞宮
中衝

圖 2-12 針灸銅人人體
模型，明仿宋鑄造

針灸銅人是中國古代
供針灸教學用的青銅
澆鑄而成的人體經絡
腧穴模型。始於北宋
天聖年間，明清及現
代均有製作，是經絡
腧穴教學不可缺少的
教具。

圖 2-13 針灸穴位圖，
十八世紀繪畫

針灸是廣為人知的傳
統中醫療法，這幅圖
展示了多個控制心臟
疾病和性器官疾病的
穴位。

　　經絡系統主要由陰陽的十二經脈、連接陰經和陽經以行深部聯繫的
十二經別、起於肢末而行於體表淺部聯繫的十二經筋、補經脈之不足而行
調節的奇經八脈和腧穴組成。十二經脈包括手太陰肺經、手少陰心經、手
厥陰心包經、手太陽小腸經、手少陽三焦經、手陽明大腸經、足太陰脾經、
足少陰腎經、足厥陰肝經、足太陽膀胱經、足少陽膽經、足陽明胃經。奇
經八脈包括督脈、任脈、沖脈、帶脈、陽蹻脈、陰蹻脈、陽維脈、陰維脈。
腧穴包括經穴、經外奇穴、阿是穴和耳穴，作為主體的三百六十多個經穴
分佈在十二經脈和任、督兩脈循行路線上。氣血在十二經脈中循行路線被
概括為：「手之三陰，從臟走手，手之三陽，從手走頭；足之三陽，從頭
走足，足之三陰，從足走臟。」（圖 2-12）（圖 2-13）

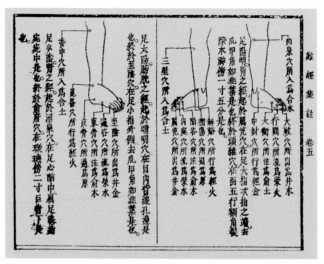

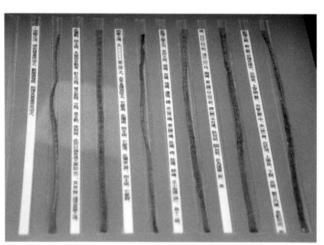

圖2-14 《難經集注》書影，明代，王九思等輯

本書是將《難經》注文加以選錄分類彙編而成。全書按脈診、經絡、臟腑、疾病、腧穴、針法等次序分為十三篇。

圖2-15 漢代竹簡《脈書》，1983年湖北江陵張家山247號漢墓出土

《脈書》共二千零二十八字，約在西漢初期被抄寫在六十五枚竹簡上，其內容可分五個部分。第一部分主要論述病候。第二部分內容與馬王堆醫書《陰陽十一脈灸經》甲、乙兩本完全相符。第三部分內容與馬王堆醫書《陰陽脈死候》基本相同。第四部分用四言韻體論述人體骨、筋、血、脈、肉、氣等六種組織或生理機能及其發病為「痛」的症候特徵。第五部分內容與馬王堆帛書《脈法》基本相同。

經絡學說形成的標誌是《黃帝內經》，雖然《難經》和《脈書》也有所記載。在《黃帝內經》中有經絡學說的系統論述，包括十二經脈的循行部位、屬絡臟腑，以及十二經脈發生病變時的症候。《黃帝內經》還記載有十二經別、別絡、經筋、皮部等的內容，以及有關奇經八脈的分散的論

述，並且記載了約一百六十個穴位的名稱。因爲沒有足夠可靠的歷史文獻，迄今人們還不能描述經絡學說形成的過程。它可能是由經驗逐步上升爲理論的，古代的針灸、推拿、氣功等醫療實踐當是其基礎。它或許是一時提出的假說，以古人對血管和神經的非常粗淺的認識爲背景，並受到陰陽五行哲學的影響。（圖 2-14）（圖 2-15）

經絡學說的當代研究面臨的最大困難是關於經絡本質的現代科學說明。按中醫學古文獻的描述，行血氣的經絡的功能類似於血管、神經和淋巴。東漢王莽時期的一次人體解剖，否定了血管作爲經絡實體結構的可能，其後的中醫學不再尋找類似的對應。經絡的現代研究均未找到獨立於神經、血管和淋巴之外的經絡系統。二十世紀六十年代朝鮮的金鳳漢（Kim Bongha）曾宣稱發現了經絡的實體結構，因不被同行承認而以跳樓自殺了結。其後的諸多研究，從文獻學、形態學、生理學、胚胎發生學、物理學等各個方面著手，提出了各種假說。最引人注目的是韓國首爾大學蘇光燮（Suo Kwang-sup）的工作，2002 年以來他發表多篇論文支持「金鳳漢學說」（Bonghan Theory），宣稱發現與經絡相關的「新線狀結構」實體。

▋ 海陸變遷──將今論古的推理

　　海陸變遷是個複雜的地殼變化過程。地球已經有四十六億年的歷史，而人類文明的歷史才只有幾千年。人類對地球的認識是從它的表面開始的，經過長期的觀察和思考才深入到地殼的變化。大約在一千年前，鑒別海陸變遷的方法找到了，那就是生物化石。化石是保存在岩層中的古代生物遺體或它們的痕跡。由於生物及其生存環境的相關性，人們可以根據生物化石追溯這些生物原來的生活環境及其變化情況，其中包括鑒別海陸變遷與否。這一方法由中國的沈括首創，並且一直到十六世紀，中國的海陸變遷研究都領先世界。（圖 2-16）

　　中國地處歐亞大陸東端的太平洋西岸，從遠古時候起就對海陸自然現象進行觀察。早在先秦時期就有「高岸爲谷，深谷爲陵」（《詩經·小雅·十月之交》）和「地道變盈而流謙」（《周易·繫辭》）的認識。晉代的葛洪（約 284─364）所著《神仙傳》有麻姑「見東海三爲桑田」的神話故事。唐代顏眞卿（709─785）在其《撫州南城縣麻姑仙壇記》中，引述了葛洪的麻姑神話，接著寫到了麻姑山「東北有石崇觀，高石中猶有螺蚌殼，

或以爲桑田所變」。唐代大詩人白居易（772—846）的《海潮賦》也表達了他對海陸變遷的認識，「白浪茫茫與海連，平沙浩浩四無邊；朝來暮去淘不住，遂令東海變桑田」。北宋的沈括的海陸變遷研究，確立了將今論古的科學方法。

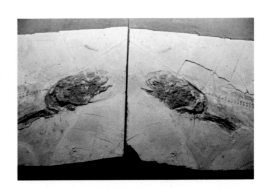

沈括在其三十卷本《夢溪筆談》卷二十四中寫道：「予奉使河北，遵太行而北，山崖之間，往往銜螺蚌殼及石子如鳥卵者，橫亙石壁如帶。此乃昔之海濱，今東距海已近千里。所謂大陸者，皆濁泥所湮耳。堯殛鯀於羽山，舊說在東海中，今乃在平陸。凡大河、漳河、滹沱、涿水、桑乾之類，悉是濁流。今關、陝以西，水行地中，不減百餘尺，其泥歲東流，皆爲大陸之土，此理必然。」沈括在這裏根據太行山岩石中的生物化石推論華北平原的成因。歐洲文藝復興傑出代表李奧納多‧達文西（Leonardo da Vinci, 1452—1519），在其領導運河開鑿工程過程中，曾對化石進行觀察和研究，認爲現今內陸或高山上發現的海生貝殼化石，是原先生長在海水中的生物，

圖 2-16 生物化石

潘氏北票鱘化石，藏於遼寧錦州博物館（上）；興義亞洲鱗齒魚全骨化石，藏於貴州省博物館（中）；三葉蟲化石，中奧陶世時期，湘西蟲（大）和四川蟲（小），藏於廣西柳州博物館古生物化石陳列館（下）。

37

圖 2-17 太行山秋色

後來埋藏在泥沙中而形成，並由此推測海陸變遷歷史。但這已經是沈括之後四百年的事了。（圖 2-17）

　　沈括諳熟天文、地理、曆算、音樂、醫藥等學問而又兼通水工、建築、兵器、農耕諸技術，其博學多能也像幾百年以後的李奧納多·達文西。他運用觀察和推理的方法獲得許多重要科學成果，如在天文方面他測得了當時的北極星與天北極的角距，提出了適合農業生產的先進曆法；在數學方面他首創高階等差級數求和的「隙積術」；在物理方面，他最早發現磁偏

圖 2-18 雁蕩山世界地質公園靈岩景區，卓筆峰與臥龍谷

角，最早用實驗證實琴弦的基音與泛音的共振關係；在地學方面，除上述太行山化石論海陸變遷外，他還根據雁蕩山的地形認識到水的侵蝕作用，七百年之後才有萊伊爾（1795—1875）在《地質學原理》（*Principles of Geology*, 1830—1832）中的類似論述。（圖 2-18）

■救荒本草——人道引領的科學

由於季風氣候造成的旱澇災害，饑荒之苦週期性地降臨中國。在應對饑荒或饑荒威脅方面，幾千年來人們積累了豐富的「救荒」經驗。「救荒」包括災荒時的賑濟措施和尋找代食品，如政府設置賑濟用的「義倉」和「常平倉」，以及尋找非栽培的野生植物代食品。早在十二世紀就有董煒的《救荒全書》和《救荒活民書》問世，在十四世紀下半葉以後的約三百年間，一個尋找野生食用植物的運動崛地而起，朱橚的《救荒本草》（1406）開食用植物學之先河，隨之而來有王磐的《野菜譜》（1524）、周履靖的《茹草編》（1582）、高濂的《飲食服箋》（1591）、鮑山的《野菜博錄》（1622）（圖2-19）、姚可成的《救荒野譜》（1642）等著作面世，而其中以朱橚的《救荒本草》最爲全面。

朱橚（1361－1425）是明太祖的第五個兒子（圖2-20），1378年被封爲周王，1381年獲封地開封，死後稱周定王。他創建了一個代食野生植物的試驗場，從田野、溝邊和野地收集來的植物在這裏進行實驗。通過對這些植物生長和發育過程的親自觀察，他記述了這些植物各個可食部分的細

40

圖 2-19 《野菜博錄》書影——孛孛丁菜，明朝，鮑山編

作者對可供食用的野生植物曾廣為採集，有較深入的研究，並對其中的一些食用植物親自移植栽種。《野菜博錄》即鮑氏在充分實踐的基礎上參考文獻寫成。全書共收可食植物四百三十五種，均附以插圖，記其形態與性味和食法。

圖 2-20 朱橚（1361—1425），明朝開國皇帝朱元璋的第五個兒子

青年時期朱橚就對醫藥很有興趣，認為醫藥可以救死扶傷。先後組織編寫了《保生餘錄》、《袖珍方》、《普濟方》和《救荒本草》。

節，還請專門的畫工為每種植物繪圖，於 1406 年編成《救荒本草》。繼承了宋代本草傳統的《救荒本草》，作為植物圖譜，它先於歐洲半個多世紀，歐洲最早的植物圖譜為格蘭維爾（Bartholomew de Glanville）的《大全》（Liber de Proprietatibus Rerum, 1470），而公認的具有科學意義的植物圖始於 1475 年以來的一批著作，如康拉德（Conrade de Megenberg）的《自然志》（Puch de Natur, 1475）、德國的《植物品匯》（German Herbarius, 1485），以及布倫弗爾斯（O. Brunfels, 1488—1534）的《草木植物志》（Herbarum Vivae Eicones，時間不詳）等。

《救荒本草》包括有四百一十四種植物的記述和插圖，其中草類植物二百四十五種、木類植物八十種、穀豆類植物二十種、果類植物二十三種、

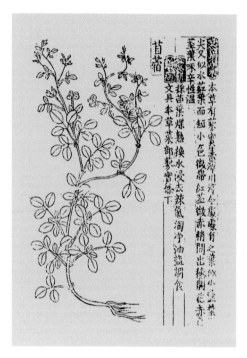

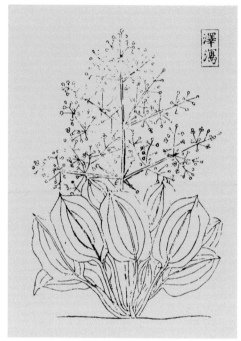

圖 2-21 《救荒本草》書影——苜蓿，明　　圖 2-22 《救荒本草》書影——澤瀉
永樂四年（1406）刊刻，朱橚編寫

蔬菜類植物四十六種。其中一百三十八種見於以前本草，其餘二百七十六
種皆為新發現。他將可食用部分區分為根、莖、皮、葉、花、果，據此根
類五十一種、莖苗類八種、皮類八種、葉類三百零五種、花類十四種、果
實和種子一百一十四種。對每種植物都首言產生之壤和同異之名，次言寒
熱之性和甘苦之味，終言淘浸曬調和之法。（圖 2-21）（圖 2-22）

　　朱橚的《救荒本草》1406 年初版後，又相繼在 1525 年、1555 年、
1586 年多次再版。明末出版的徐光啟的《農政全書》（1639）將其作為
《救荒篇》重新出版，清初出版的俞森的《荒政叢書》（1690）再次將其
收入日文版的《救荒本草》（1716）。朱橚所描述的植物至少有三十七種

被馴化爲園藝植物，另有十六種在日本和歐洲作爲食物，印度饑荒用植物二百八十種多與朱櫹的相同。斯溫格爾（W. T. Swingle）的論文《食用植物》（*Noteworthy Chinese Works on Wild and Cultivated Food Plants*, 1935）對中國食用植物傳統倍加讚賞，「中國有極其豐富的植物群落，栽培者把大量的植物用來從事實驗，從而使中國人今天擁有非常大量的栽培作物，很可能是歐洲的十倍和美國的二十倍」。

尋找野生植物代食品是一項有中毒風險的研究，這種冒險行動彰顯了植物學家們的人道主義。李濂醫生爲第二版《救荒本草》（1525）作序（《重刻救荒本草序》）時說，「五方之氣異宜而物產之形質異狀，名匯既繁，真贗難別，使不圖列而詳說之，鮮有不以蛇床當蘼蕪，薺苨亂人參者，其弊至於殺人，此《救荒本草》所以作也」。食用植物學家們通過研究確定，哪些植物是安全的和有益健康的，哪些植物是危險而有害的，開拓了一個新的知識領域。植物學的這一獨特的發展方向，直到十八世紀才引起歐洲人的興趣，布萊恩特（Charles Bryant）出版了他的著作《植物飲食學，或國內外食用植物史》（*Flora Diaetetica, or History of Esculent Plants, both Domeetic and Foreign*, 1783）。

格致
經世
中國科技

③

技術發明
──革命之工具

▌ 印刷術——文字的載體

雕版印刷和活字印刷都創始於中國。造紙術在三世紀，雕版印刷在九世紀，活字印刷在十一世紀已普及。它們經西亞傳到了歐洲並導致十五世紀德國人古騰堡（Johannes Gutenberg, 1400－1468）發明印刷機（1450）。這場靜悄悄的革命有力地推進了歐洲的文藝復興和宗教改革。

105 年，東漢蔡倫（約 62－121）在前人經驗的基礎上，規範了用樹皮、麻頭、破布和舊漁網等材料製造植物纖維紙的程序，包括打漿、漂白和攤晾等。從六世紀開始，造紙術逐漸傳往朝鮮、日本，以後又經阿拉伯、埃及、西班牙傳到歐洲的希臘、義大利等地，引發了世界書寫材料的巨大變革。造紙術西傳的關鍵事件是大唐與阿拉伯帝國之間的怛邏斯之戰。安西節度使高仙芝（？－755）751 年率唐軍赴塔什干平叛，在怛邏斯城敗於阿拉伯帝國（黑衣大食）聯軍，千餘名唐軍戰俘中包含有造紙工匠。遂有撒馬爾罕（757）、巴格達（793）和大馬士革（795）三大造紙中心，繼而有西班牙（1102）、義大利（1276）、法國（1348）、德國（1391）、英國（1494）、荷蘭（1586）和美國（1690）先後開設

了造紙廠。隨著造紙術的傳播,紙張先後取代了埃及的紙草、印度的樹葉以及歐洲的羊皮等。（圖 3-1）（圖 3-2）

在七世紀的唐代,人們把刻製印章、從刻石上拓印文字和印染花布三種方法結合起來,發明了雕版印刷術。最早提及雕版印刷的時間在唐貞觀十年（636）,唐太宗下令用雕版印刷《女則》。現藏於大英圖書館的《金剛般若波羅蜜經》,標明的印刷年代是咸通九年四月十五日（868）。十世紀雕版印刷在中國已廣泛使用,隨

圖 3-1 蔡倫（約 61—121）字敬仲,東漢桂陽郡人

我國四大發明中造紙術的發明者。蔡倫的發明創新不只造紙,他「監作秘劍及諸器械,莫不精工堅密,爲後世法」,「有蔡太僕之弩,及龍亭九年之劍,至今擅名天下」。

圖 3-2 造紙圖,蔡倫墓正殿內右側的《造紙工藝圖》

圖 3-3 雕版印刷板，大約出現在 2000 年以前，圖爲古代雕版印刷板（江蘇揚州博物館藏）

雕版印刷是最早在中國出現的印刷形式，在印刷史上有「活化石」之稱。揚州是中國雕版印刷術的發源地，是中國國內唯一保存全套古老雕版印刷工藝的城市。

後傳入阿拉伯世界並進而傳到埃及和歐洲。伊爾汗國宰相、歷史學家拉施德丁（*Rashid-al-Din Hamadani*, 1247—1318）的著作《史集》（*Jami al-Tawarikh*）記載有中國雕版印刷方法，歐洲現存最早的有確切日期的雕版印刷品是德國南部的《聖克利斯托菲爾》畫像（1423）。（圖 3-3）（圖 3-4）

　　沈括的《夢溪筆談》中記載了畢昇發明膠泥活字，王禎（1260—1330）的《造活字印書法》（1298）在介紹木活字的同時也談到錫活字。活字本爲 1965 年在浙江溫州白象塔內發現的刊本《佛說觀無量壽佛經》（北宋元符三年至崇寧二年，1100—1103）。活字印刷在中國長期未能取代雕版印刷，主要原因是以表意爲特徵的中文數量巨大。而對於以少量字

47

圖3-4 《金剛經》卷首插畫局部，唐咸通九年（868）印刷，世界上現存最早的雕版印刷品（英國大英圖書館藏）

描繪佛陀與弟子須菩提交談的場景。《金剛經》，全稱《金剛般若波羅蜜經》，中國禪宗南宗的立宗典據，此卷全長5公尺，寬2.7公尺。1900年在敦煌莫高窟藏經洞發現。

母為基礎的歐洲拼音文字來說，活字印刷比雕版印刷更簡便易行。活字印刷這一印刷史上的重大革命，在古騰堡手裏形成了比較完善的技術規範，包括鑄字、排版、版面美化和裝幀等。關於活字印刷術西傳問題，在畢昇發明活字（1045）和古騰堡發明印刷機（1450）之間，其中間環節

圖 3-5 中國活字印刷術

圖為工人正從旋轉架裏揀拾活字排版，這種旋轉架是根據十三世紀王楨發明的活字輪盤活版植字法製作的。

圖 3-6 印刷用的木製活字

中國早在十一世紀就發明了活字印刷。使用可以移動的金屬或膠泥字塊，
用來取代傳統的抄寫，或是無法重複使用的印刷版。活字印刷的方法是先
製成單字的陽文反文字模，然後按照稿件把單字挑選出來，排列在字盤
內，塗墨印刷，印完後再將字模拆出，留待下次排印時再次使用。

或是俄羅斯人或是阿拉伯人發展的，尚無確切的結論。（圖 3-5）（圖 3-6）

▊ 黑火藥——槍炮的能源

　　火藥分爲黑火藥和黃火藥兩大系統，黑火藥是中世紀的經驗型的發明，黃火藥是十八世紀中葉的化學合成物。黑火藥是具有燃爆功能的物理混合物，其主要成分是硝、硫黃和木炭，硝含量決定其燃燒後的膨脹量。用作火器發射藥的黑火藥的正確配比爲硝百分之七十五、硫黃百分之十和木炭百分之十五。黑火藥的發明有一個經驗摸索的過程，它的原始配方出自十一世紀中國文獻記載，而最先達成正確配比的是阿拉伯人和歐洲人，這中間是如何傳播的還是一個沒有完全解決的問題。

　　宋代曾公亮主編的《武經總要》（1044）記載了世界上最早的三個火藥配方，即毒藥煙球火藥方（川烏、草烏、南星、半夏、狼毒、蛇埋、爛骨草、金頂砒、牙皂、巴霜、鐵腳砒、銀繡、乾漆、乾糞、松香、艾肭、雄黃、金汁、石黃、硝火、硫火、松灰、柳灰、斑貓、斷腸草、薑汁、煙膏、哈蟆油、骨灰）、蒺藜火球火藥方（焰硝二斤半、硫黃一斤、粗炭末五兩、瀝青二兩半、乾漆二兩半、竹菇一兩一分、麻茹一兩一分、桐油二兩半、小油二兩半、清油二兩半）和火球火藥方（焰硝二斤半、硫黃十四兩、窩

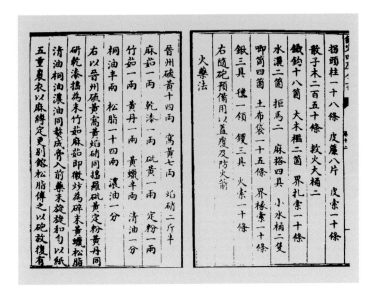

火藥法

晉州硫黃十四兩、窩黃七兩、焰硝二斤半、麻茹一兩、乾漆一兩、砒黃一兩、定粉一兩、竹茹一兩、黃丹一兩、黃蠟半兩、清油一分、桐油半兩、松脂十四兩、濃油一分

右以晉州硫黃窩黃焰硝同擣羅砒黃定粉黃丹同研麻茹竹茹乾漆搗為末黃蠟松脂清油桐油濃油同熬成膏入前藥末旋旋和勻以紙五重裹衣以麻縛定更別熔松脂傅之以砲放復若敵近用放

桐油半兩、松脂十四兩、濃油一分

鐵三具、硾一領、鍰三具、火索十條

卽筒四箇、土布袋一條、界楊索十條

水濃二箇、拒馬二、麻搭四具、小水桶二隻

鐵鈎十八箇、大末樞二箇、界扎索二十條

散子末二百五十條、救火大桶二

拐頭柱十八條、皮廉八片、皮索十條

右隨砲預備用以益瘦及防火箭

圖 3-7 《武經總要》，宋仁宗命曾公亮、丁度編寫，此圖為關於火藥配方的記載

《武經總要》共四十卷，分前後兩集，前集記錄北宋軍事制度，後集記錄歷代兵謀得失。

黃七兩、麻茹一兩、乾漆一兩、砒黃一兩、定粉一兩、竹茹一兩、磺丹一兩、黃蠟半兩、清油一分、桐油半兩、松脂十四兩、濃油一分）。（圖 3-7）

中國先人是在煉丹過程中發現了火藥功能的，漢代的葛洪和唐代的孫思邈（518—682）都有所發現。最早提到火藥的是煉丹書《真元妙道要略》（約850），警告煉丹家注意硝、硫黃和木炭混合在一起燃燒的危險。在十世紀的唐末已製成用於煙花和戰爭的管狀燃燒器具，在十一世紀這種火器普遍用於戰爭，以後又將火藥用作發射藥，最初用於低效率的拋石炮和火箭，十三世紀末又用於火炮和金屬管槍。「八面威風驚風震火炮」和「九箭穿心毒火雷」這些名稱足以表明其響聲和殺傷力。蒙古人在與宋、金作戰中學會了火藥和火器的製作方法，阿拉伯人可能是從與蒙古人作戰中學會了這些，約在十三世紀歐洲人才從阿拉伯人的書籍中獲得了火藥知識，到十四世紀前期又從對阿拉伯國家的戰爭中學到了製造火藥和使用火器的方法。（圖 3-8）（圖 3-9）

圖 3-8 葛洪（約 284—364），字稚川，號抱朴子，人稱「葛仙翁」，江蘇省句容縣人

東晉道教學者、著名煉丹家、醫藥學家。他曾受封爲關內侯，後隱居羅浮山煉丹。著有《神仙傳》、《抱朴子》、《肘後備急方》、《西京雜記》等。

圖 3-9 《葛稚川移居圖》局部，軸，紙本，設色，縱 139 公分 × 橫 58 公分，元代王蒙繪（北京故宮博物院藏）

《葛稚川移居圖》描繪葛稚川（葛洪）搬家到羅浮山煉丹的路上的情景。此畫描繪遠處山間茅屋，一小童站在屋裏，一小童在門口站立。

羅吉爾・培根（Roger Bacon, 1214—1294）自 1267 年以降多次提到火藥，希臘人馬克（Marcus Graecus, Mark the Greek）寫過一本拉丁文的著作《焚敵火攻書》（*Liber Ignium ad Comburendos Hostes*, 1280），1313 年德國人貝特霍爾德舍貝爾茲（Berthold Schwarz）製造槍炮使用了黑火藥，1325 年義大利佛羅倫斯出現鑄鐵炮和炮彈，1331 年德國人在圍攻義大利其維達

列時使用了火器，1338 年英軍艦貝爾納德茨爾號首次裝配大炮，1344—1347 英國德羅爾德斯頓製成火藥。在明末隨著從葡萄牙人引進紅衣炮和通過日本間接傳入火繩槍，作爲發射藥正確配比的「黑火藥」配方傳入中國，明代戚繼光所著《紀效新書》和茅元儀所輯著《武備志》（1621）中有所記載。（圖 3-10）（圖 3-11）

圖 3-10 戚繼光（1528—1588），字元敬，號南塘，晚號孟諸，漢族，山東登州人

明代著名將領、軍事家。戚繼光以捍衛邊疆爲己任，屢克強敵，戰功卓著，有《紀效新書》、《練兵實紀》、《止止堂集》等書傳世。

圖 3-11 《武備志》，明代，茅元儀輯，圖爲群豹橫奔箭的圖示與解說

《武備志》爲中國明代大型軍事類圖書，是中國古代字數最多的一部綜合性兵書。二百四十卷，文二百餘萬字，圖七百三十八幅。群豹橫奔箭是明代創製的多發火箭。

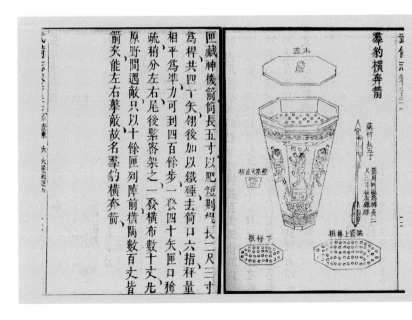

▌ 指南針——方位的信息

指南針（south-directing needle）或磁羅盤（compass）是用以判別方位的儀器，其主要組成部分是可以自由轉動的磁鍼。其原理基於磁鍼與地磁場的相互作用，磁鍼能保持在磁子午線的切線方向上，磁鍼的北極永遠指向地磁的南極。中國有關於指南針設計方案、製造和使用的最早文獻紀錄，其用於航海也早於歐洲。但磁鍼指極性的普遍性的證明，是法國科學家佩里格里魯斯（Petrus Peregrinus，又名 Pierre de Maricourt, 1240—？）首先在1269 年給出的，他以天然磁石球模擬地磁極性吸附磁鍼的實驗證明。

指南針的發明是古人在長期的實踐中對物體磁性認識的結果。古代中國人首先發現了磁石引鐵的性質，後來又發現了磁石的指向性，在戰國時期製成了世界上最早的指南儀「司南」。（圖 3-12）北宋曾公亮在《武經總要》中介紹的指南魚製作方法，是世界上最早利用地磁場人工磁化，將魚形鐵片燒紅後放入水中，令鐵魚頭尾指向南北方向，指北的魚尾稍微向下傾斜。北宋沈括在《夢溪筆談》中描述了指南針的四種設計原理，水浮法、指甲旋定法、碗唇旋定法和縷懸法，是世界上指南針設計方案的最早記錄。

圖 3-12 司南

早在戰國時期就發明了。 我
國古代辨別方向用的一種儀
器。用天然磁鐵礦石琢成一個
勺形的東西，放在一個光滑的
盤上，盤上刻著方位，利用磁
鐵指南的作用，可以辨別方
向，是現在所用指南針的始
祖。

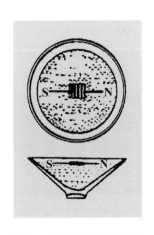

圖 3-13　水浮法指南針示意
圖，北宋時四種指南針之一

將一根磁化了的鋼針，穿幾段
燈芯草，放入一個盛水的瓷碗
中，利用草的浮力使針浮於水
面，靜止時磁鍼兩端所指為
南、北。由於它不怕輕微的搖
晃，實用性強，首先在航海中
得到廣泛使用。

這四種方法中的有些仍然為近代羅盤和地磁測
量儀所採用。現在磁變儀、磁力儀的基本結構原
理就是用縷懸法，航空和航海使用的羅盤多以水
浮磁鍼作為基本裝置。（圖 3-13）

　　關於指南針應用於航海的文獻記載，北宋
朱彧的《萍洲可談》（1119）中的「陰晦觀指
南針」的記載為最早。首次記載羅盤的歐洲文
獻是英國人奈坎姆（Alexander Neekam, 1157—
1217）的《論自然的本質》（*The Thing of the
Nature*，約 1190）；其後有法詩人古約（Guyot
de Provins, 1150—？）在其滑稽戲《聖經》
（1205）中，描述水手們在羅馬帝國皇帝腓特
烈一世巴巴羅薩（Frederick I Barbarossa, 1122—

55

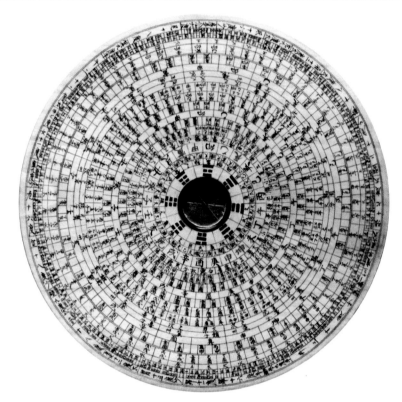

圖 3-14 羅盤，創自軒轅黃帝時代

羅盤學名爲羅經，分爲水羅經與旱羅經。羅經又有銅製、木製之分。
主要由位於盤中央的磁鍼和一系列同心圓圈組成，每個圓圈都代表著
中國古人對於宇宙大系統中某一個層次信息的理解。

1190）的命令下使用羅盤夜間航海導航；再後是 1218 年法國神學家德維
特利（Jacques de Vitry, 1260—1240）和 1269 年法國科學家皮里格里努斯
（Petrus Peregrinus）的記載。磁羅盤西傳的媒介尚不明朗，在中國曾公亮
的《武經總要》和歐洲最早記載之間，尚沒有中間地域史料記載證據，而
且還有水羅盤和旱羅盤、指南和指北的區別。（圖 3-14）

▌蒸餾器──物質的分析

蒸餾器是利用蒸餾法分離物質的器具，多用於煉丹、製燒酒、蒸花露水等。它也是現代化學研究中非常有用的儀器，法國科學家拉瓦錫（Antoine-Laurent Lavoisier, 1743－1794）曾借助玻璃蒸餾器，在 1768 年得出著名的物質不滅定律。十世紀的阿拉伯哲學家阿偉森納（Avicenna）曾對蒸餾器進行過詳細的描述。南宋吳悞的《丹房須知》（1163）介紹了多種類型的蒸餾器及其圖形。英國生物化學家和科學史學家李約瑟，在其論文《中世紀早期中國煉丹家的實驗設備》（1959）中，對蒸餾器的發展進程做出可理解的推測。蒸餾源於帶有蓋子的蒸鍋，由於蓋子的不同而導致兩個發展方向。凹向蒸鍋空間的蓋子導致接收冷凝液的環形槽的發明，凸向蒸鍋空間蓋子導致接收冷凝液的接收碗的發明，這就是蒸餾器頭的兩種原型。這兩個發展方向都走上加側管引出冷凝液的一步，並且最後「殊途同歸」，位於蒸餾器頭上的冷凝器被移置為側管套。（圖 3-15）

西元前三十世紀的美索不達米亞就已有原始的蒸餾器，西元前五世紀到西元前一世紀間興起的煉丹術推進了蒸餾器的改進。煉丹術在歐洲和中

57

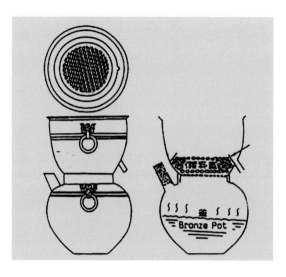

圖 3-15 東漢蒸餾器結構圖

圖 3-16 東漢蒸餾器

其結構亦由上下兩分體組成，上體底部帶箅，箅
上附近鑄有一槽，槽底鑄有一引流管，與外界相
通。在蒸餾時，配以上蓋，蒸氣在器壁上凝結，
沿壁流下，在槽中匯聚後順引流管流至器外，因
此可起到蒸餾作用。

國是同步發展的，而在阿拉伯世界直到九世紀才正式開始。煉丹術中的蒸
餾器主要源於抽砂煉汞的實踐，從早期簡單的低溫氧化焙燒法發展到東漢
時期的密閉抽汞法，加熱丹砂分解出的水銀蒸氣在密閉容器的內壁上冷凝。
這種抽汞設備加上冷凝和收集裝置，就成為原始的蒸餾器。煉丹家們長期
使用未濟爐，所謂「火在上、水在下」，就是爐內置有冷凝器的簡單蒸餾器。
後來的發展是將冷凝器與加熱爐分開，形成比較完善的蒸餾器。

　　中國最古老的蒸餾器是當代出土的兩件漢代銅蒸餾器，一件為 1975 年
出土於安徽省天長縣安樂鄉，另一件為 2007 年出土於陝西省西安市張家
堡。安樂鄉漢墓出土的銅蒸餾器由上下兩體組成，上體底部帶箅，箅上鑄
有收集冷凝液的槽，槽底有引流管與外界相通。這種結構已表明它是發

58

展接近成熟階段的蒸餾器，蒸氣在器壁上凝結後沿壁流入收集槽並順引流管流至器外。張家堡漢墓出土的銅蒸餾器由筒形器、銅鍑和豆形器蓋組成，筒形器底部有一米格形算並且底邊有一細的導流管，銅鍑三蹄形足，豆形器蓋上部呈盤形，直徑與筒形器口徑大小相同，柄部分為兩段，相合處為卯榫結構，可在一定範圍內自由活動。〔圖 3-16〕

■ 種痘法──預防的醫學

「種痘」是預防天花的免疫措施，是免疫學得以誕生的機緣。天花是一種傳染性極強的疫病，初期頭面甚至全身遍佈含有許多傳染性淋巴液的豆狀小膿包，後期膿包結疤爲含有許多天花病毒微粒的痘痂。作爲「天上的花」的天花之有關記載，最早是中國煉丹家葛洪在四世紀給出的：「比歲有病流行，仍發頭面及身，須臾周匝，狀如火瘡，皆戴白漿，隨決隨生，不即治，劇者多死。治得差後，瘡斑紫黑，彌歲方滅。」（《肘後備急方》卷二）約二百年後的六世紀初有陶弘景的進一步補充闡釋，又四百年後的十一世紀初有巴格達醫學家和煉丹家拉齊（al-Razi）給出詳細描述並將其與麻疹和水痘區分開來。關於天花以及其他傳染病之病因的理論，可大體區分爲遺傳因（胎毒或者基因）、氣象因（天運或者天氣）和環境因（戾氣或者細菌）。「種痘」也叫「接種」，是一種人體主動免疫法，即在皮下注入痘苗或菌毒，也就是把痘苗移植到人體內。（圖 3-17）「天花膿包的痂稱爲苗，天花的發生稱爲花。」（趙學敏《本草綱目拾遺》）

英國醫生眞納（Edward Jenner, 1749—1823）在 1798 年發現，接種過

牛痘的人不僅不會再患牛痘，並且對天花也具有免疫力。接種牛痘遂成爲控制天花的有效手段，牛痘疫苗的大量生產和廣泛運用的結果是，世界衛生組織於 1980 年正式宣布天花自地球上根除，而中國則是在這之前的 1971 年消滅的。李約瑟等人的研究表明，種痘的實踐源於十世紀的中國，

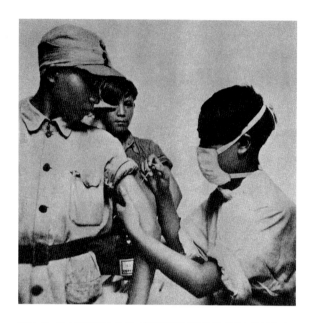

圖3-17　二十世紀四十年代，新四軍訓練班學員爲戰士接種牛痘

經過五百年的祕傳於十六世紀公開而大衆化，十八世紀二十年代始傳入歐洲，隨後發展出造福全人類的免疫學。

　　根據清代朱純嘏的著作《痘疹定論》（1713）記載，宋仁宗時期丞相王旦（957－1017）的長子死於天花，因恐其次子及其他人亦染此病，而遍請全國各地的名醫和術士，以圖得到某種治療和預防天花的方法。終於在峨眉山的一位遊醫那裏找到了種痘的方法，將一種毒性減弱了的人痘痘苗，接種在健康人的鼻腔黏膜上，就能獲得對天花的免疫能力。這種神奇的接種人痘的方法一直處於師徒之間祕傳的狀態，直到十六世紀才得見公開的記載。在明代萬全的著作《痘疹世醫新法》（1549）中，有關於天花和麻疹兩種疾病的論述，雖然沒有具體種痘法說明，但提到接種預防天花的婦女有可能引起月經紊亂。在明末周暉的小說《金陵瑣事》（1610）中，也

61

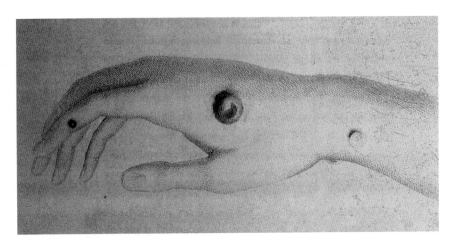

圖 3-18　英國奶牛農場少女患有牛痘小膿包的手，
雕刻

愛德華·真納（Edward Jenner, 1749—1823）從
薩拉·內爾莫斯手上的膿包裏提取製作了天花疫
苗。

提到萬曆年間（1573—1620）兩個小孩接種的事。清代俞茂鯤的著作《痘
科金鏡賦集解》（1727）記載了許多種痘實踐，從中我們可以得知天花預
防接種普及情況，產生於隆慶年間（1567—1572），流行於寧國府太平縣
（今安徽省）。

　　種痘法傳入歐洲的重要推手是英國駐土耳其大使夫人蒙塔古夫人
（Lady Mary Wortley Montagu, 1689—1762）。她將從當地行醫的希臘醫生
那裏得到的兩篇明確的論述種痘的文章，刊登在英國皇家學會的《哲學學
報》（*Phylosophical Transactions*）上。這為十八世紀歐洲的預防接種奠定
了基礎，先是在英國和美國，然後是法國、德國和歐洲的其他國。真納的
種牛痘是在種人痘的實踐過程中發現的，一位擠牛奶姑娘得了牛痘不再得
天花，結果是牛痘術取代了人痘術。（圖 3-18）（圖 3-19）

圖 3-19 《種牛痘》,繪畫

1796 年 5 月,愛德華・真納使用牛痘刀將活的牛痘細胞植
入患了天花的男孩詹姆斯・菲普斯體內。愛德華・真納,
英國內科專家,發明和普及了預防天花病的方法——接種疫
苗法。

63

■ 平均律──科學的藝術

「平均律」（Equal Temperaments）又稱十二平均律，作為一種定音音律體系，它把一個八度內的樂音等分成十二個音程，第八個樂音的數值總是第一個音的兩倍。雖然十九世紀末始被廣泛採用，1975 年才為國際標準化組織頒佈為「音樂定音之聲學標準」，但其思想淵源卻相當的久遠。中國早在西元前十一世紀的西周初年就有了十二律系統，歐洲在古希臘時期也有阿里斯托森（Aristoxenus）提出了十二平均律理論。最早的科學計算是中國音律學家、數學家，以及天文學家朱載堉在其《律學新說》中給出的，半個世紀後又有歐

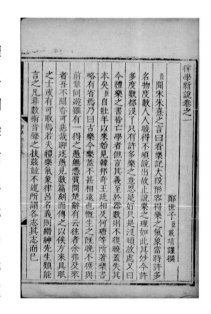

圖 3-20 《律學新說》書影，明萬曆十二年（1584）成書，朱載堉著

本書是朱載堉律學理論中的核心內容，也是明代音樂科學上的一大成就。

洲數學家和音樂理論家梅森（Marin Mersenne, 1588－1648）獨立的重新發明，而其被廣泛應用則要等到工業革命時期的到來。（圖3-20）

　　中國古代的音律系統是五音、十二律及其旋宮轉調。五音為宮、商、角、徵、羽，十二律名為黃鐘、大呂、太簇、夾鐘、姑洗、仲呂、蕤賓、林鐘、夷則、南呂、無射、應鐘。旋宮根源於五音與十二律的結合，即以五音為基音產生五種調式，每一調式的基音與十二律之一相合。五音和十二律的生成法都長期採用三分

圖3-21　五音孔塤，古代洛陽（北京天壇神樂署）

古代用陶土燒製的一種吹奏樂器，圓形或橢圓形，亦稱「陶塤」。以陶製最為普遍，也有石製和骨製等。

損益法，律管或弦長三等分謂之「三分」，加三分之一謂之「益」，減三分之一謂之「去」或「損」。十二律始見於《國語‧周語》，三分損益法始見於《管子‧地員》，旋宮始見於《周官》。《呂氏春秋‧音律》、《淮南子‧天文訓》和《漢書‧律曆志》都是以自黃鐘九寸為起點生律。（圖3-21）

（圖3-22）

圖 3-22　竽，長沙馬王堆漢墓 1 號墓出土（湖南
省博物館馬王堆漢墓陳列 1 號展廳）

中國古代的一種管樂器。此圖爲冥器，通長 78
公分、竽斗徑 10 公分、竽嘴長 28 公分。

　　十二律的三分損益法生律的一個缺陷是，不能回到其出發點的「黃鐘」
律，只能得到誤差在百分之十以上的近似等比律。爲克服旋宮困難而提出
的各種調律法，何承天（370—447）的均差法、劉焯（544—610）的等差法、
王樸（907—960）的等比法，都只能得到誤差較大的近似的等比律。朱載
堉放棄了傳統的黃鐘九寸、三分損益、隔八相生，採用黃鐘十寸而用勾股
之術和開方之法，數學地解決了平均律問題。他從黃鐘倍律 2 出發，以 2
的 12 次方根連續除之，按十進位法計算律長到 25 位小數。自黃鐘起各律
在 2 位小數精度內，依次爲：2.00、1.89、1.78、1.68、1.59、1.50、1.41、1.33、
1.26、1.19、1.12、1.06。這是一個等比數列，比例爲 1.06，朱載堉稱其爲「密
律」。對於這個音樂史上最早用等比級數平均劃分音律的定音系統，十九

66

世紀的德國物理學家亥姆霍茲給予了高度評價。（圖3-23）

十二平均律問世後數百年未被音樂家普遍採用，主要原因是手工製造樂器難以達到十二平均律的要求。定音涉及弦長和管長的操作問題，因為2的開方的結果是無理數，實際上達不到完美的「平均」，不能做出完全相同的同一種管樂器或絃樂器。十二平均律在十九世紀末登上音樂歷史的舞台，幾十年內就普及世界各個角落。這有兩方面的原因，其一是現代工業的精細加工技術使生產滿足平均律要求的樂器成為可能，其二是音樂活動平民化對低價樂器需求的增長。在工業化的樂器生產中，十二平均律成為樂器工業的首選。

12	11	10	9	8	7	6	5	4	3	2	1	
應鐘	無射	南呂	夷則	林鐘	蕤賓	仲呂	姑洗	夾鐘	太簇	大呂	黃鐘	十二律
亥	戌	酉	申	未	午	巳	辰	卯	寅	丑	子	十二支
雙宮		羽		徵	雙徵		角		商		宮	七聲 五音
B	A#	A	G#	G	F#	F	E	D#	D	C#	C	西洋音名 十二律名

圖 3-23 十二律與中西音名對照表

格致
經世

中國科技

（４）

工程實踐
——世界之遺產

■ 都江堰——生態工程

　　都江堰為兼備灌溉和溢洪之功的水利工
程，位於長江上游的支流岷江之上，由秦國蜀
郡太守李冰主持始建於秦襄王五十一年（前
256）。關鍵工程是由魚嘴分水堤、飛沙堰溢
洪道和寶瓶口進水口三大部分構成的渠首工
程。魚嘴分水堤將岷江水分為內江和外江，內
江水經寶瓶口進入灌溉渠，飛沙堰以其溢洪調
節功能能保障內江免遭洪災。這三位一體整體結
構使岷江水既能滿足成都平原的灌溉需要又能
防止洪災危害。都江堰初名「湔堋」，三國蜀
漢時期稱「都安堰」，唐代改稱「楗尾堰」，
宋代始稱都江堰。經歷代維護沿用二千二百多
年，當今灌溉面積達四十個縣的千萬畝農田。

（圖 4-1）（圖 4-2）

圖 4-1　李冰，戰國時期的水利家

李冰學識淵博，「知天文地理」。
他決定修建都江堰以根除岷江水
患。

圖4-2　都江堰，建於西元前256年，李冰主持修建

　　岷江是長江上游的一大支流，流經多雨的四川盆地西部。它發源於四川與甘肅交界的岷山南麓，有出自弓杠嶺的東源和出自郎架嶺的西源，匯合於松潘境內漳臘的無壩，經松潘縣、都江堰市、樂山市，在宜賓市入長江。都江堰以上為上游，都江堰至樂山為中游，樂山以下為下游。岷江有大小支流約九十多條，大的支流都源自山勢險峻的右岸。作為水利樞紐的都江堰，主要控制預計來自上游的湍急之水勢，以保障中游成都平原的灌溉之利。

　　魚嘴分水堤築於距玉壘山不遠的岷江江心，一個形如魚嘴的狹長的小島。岷江之水經魚嘴一分為二，循源流者稱外江，經寶瓶口入灌渠者稱內

江。寶瓶口乃一穿玉壘山的人工隧道，寬二十公尺、高四十公尺、長八十公尺，因酷似瓶口而得名。經寶瓶口的水流，低水位流速爲三公尺每秒，高水位流速爲六公尺每秒。飛沙堰爲調節岷江水量、分洪減災而設，由裝滿卵石的竹籠堆積而成，在魚嘴分水堤的尾部靠近寶瓶口處。當內江的水位高過堰頂時，就會漫過堰頂而流入外江，並且流渦的離心力能將泥沙甚至巨石拋入外江。三個人像石柱置於水中指示水位，「枯水不淹足，洪水不過肩」。置於江心的石馬作爲每年最小水量時淘灘的標準。（圖 4-3）（圖 4-4）

　　都江堰科學地利用當地西北高、東南低的地理條件，根據江河出山口處特殊的地形無壩引水、自流灌漑，使堤防、分水、洩洪、排沙、控流相

圖 4-3　都江堰「魚嘴」近景

72　圖 4-4　都江堰「寶瓶口」近景

互依存、共爲體系，充分發揮了防洪、灌溉、水運的綜合效益。作爲區域水利網路化典範的都江堰，不僅靈渠、它山堰、漁梁壩、戴村壩等後建的一批歷史性工程都有其印記，而且成爲全世界迄今爲止僅存的一項偉大的「生態工程」。義大利旅行家馬可・波羅曾光臨過都江堰，在其著作《馬可・波羅遊記》（1298）中記載有：「都江水系，川流甚急，川中多魚，船舶往來甚衆，運載商貨，往來上下游。」德國地理學家李希霍芬（Ferdinand von Richthofen, 1833─1905）考察過都江堰，在《李希霍芬男爵書簡》（1872）中設專章介紹，盛讚它「無與倫比」。

▌萬里長城──北疆防線

作為古代防禦工程典型的「萬里長城」，延續不斷修築了二千多年，分佈在中國北部和中部的廣大土地上。其修築的歷史可上溯到西元前九世紀，為防禦北方游牧民族的襲擊，周王朝開始修築連續排列的「列城」。在春秋戰國時期，自楚國在自己的邊境上修築起長城之後，齊、韓、魏、趙、燕、秦、中山等諸侯國也相繼在自己的邊境上修築了長城。秦始皇併六國建立了中央集權的國家，為防禦北方匈奴等游牧民族的侵擾，在原來燕、趙、秦部分北方長城的基礎上，經增築擴修而成萬里長城，「西起臨洮，東止遼東，蜿蜒一萬餘里」。其後中國的歷代王朝，漢、晉、北魏、東魏、西魏、北齊、北周、隋、唐、宋、遼、金、元、明、清等，都規模不等地修築過長城，以漢、金、明三朝的長城規模最大，長達五千至一萬公里。（圖 4-5）

作為一個完整防禦體系的萬里長城，除主體城牆外還有敵樓、關城、墩堡、營城、衛所、鎮城和烽火台等，由各級軍事指揮系統分段防守。以明長城為例，在長城防線上分設了遼東、薊、宣府、大同、山西、榆林、

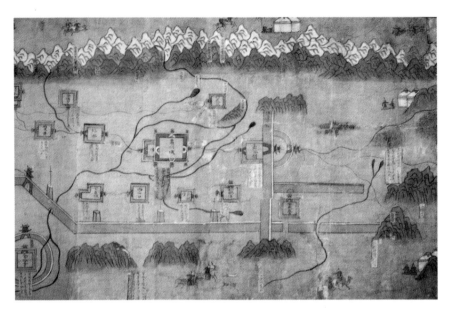

圖 4-5　長城圖（局部），絹底彩繪（現由梵蒂岡人類學博物館的東亞特藏部收藏）

圖為手繪彩色絹底橫卷，著色之法乃「黃為川（黃河），紅為路，青為山」，為明以來慣用方法。

寧夏、固原、甘肅等九個轄區，被稱作「九邊重鎮」。從鴨綠江到嘉峪關全長七千多公里的長城上，每鎮都設總兵官負責轄區防務，並負有支援相鄰軍區防務的任務。明代長城沿線陳兵百萬，總兵官駐守鎮城內，而其餘各級官員則分駐於衛所、營城、關城和城牆上的敵樓與墩堡之內。

　　長城城牆，一般平均高約七、八公尺，底部厚約六、七公尺，牆頂寬約四、五公尺。城牆頂內側設高一公尺餘的宇牆以防巡邏士兵的不慎跌落，外側設高約二公尺的垛口牆（上部有望口，下部有射洞和礌石孔）以窺測敵情及射擊和滾放礌石。重要的城牆頂上還建有層層障牆，以抵抗萬一登上城牆的敵人。明代抗倭名將戚繼光任薊鎮總兵官時，對長城防禦工事作

圖 4-6 八達嶺長城，北京

八達嶺長城是中國古代偉大的防禦工程萬里長城的一部分，史稱天
下九塞之一，是萬里長城的精華，在明長城中，獨具代表性。 該段
長城地勢險峻，居高臨下，是明代重要的軍事關隘和首都北京的重
要屏障。

了重大改進，在城牆頂上設置了敵樓或敵台，以供巡邏士兵住宿和儲存武
器糧秣，極大地增強了長城的防禦功能。 （圖 4-6） （圖 4-7）

　　關城是萬里長城防線上最爲集中的防禦據點，明長城設大小關城近千
處，著名的如山海關、黃崖關、居庸關、紫荊關、倒馬關、平型關、雁門關、

圖 4-7 箭扣長城，北京

箭扣長城因整段長城蜿蜒呈「W」狀，形如滿弓扣箭而得名。箭扣
長城是明代萬里長城最著名的險段之一。

偏關、嘉峪關以及漢代的陽關、玉門關等。烽火台佈局在高山險阻之處，
作爲長城防禦工程重要的組成部分之一，它的作用是迅速傳遞軍情。傳遞
的方法是白天燃煙而夜間舉火，以燃煙舉火數目的多少表示來犯敵人的多
寡。明代又在燃煙舉火之外加以放炮，以增強報警的效果，峰迴路轉的險

圖 4-8 山海關東門鎮遠樓，河北秦皇島

山海關，又稱「榆關」，在 1990 年以前被認爲是明長城的東
端起點，素有「天下第一關」之稱。與萬里之外的「天下第
一雄關」——嘉峪關遙相呼應，聞名天下。1990 年，遼寧省
丹東市的虎山長城被發掘出來後，考古界認爲虎山長城才應
該是明長城的東端起點。

要之處的烽火台能三台相望。烽火台除有傳遞軍情的功能外，還爲來往使

節提供食宿、供應馬匹糧秣等服務。 (圖 4-8)

■ 京杭大運河——經濟命脈

大規模的水利工程是農業文明時代專制帝國的標誌性特徵。大禹治水以來的幾千年的歷史中，治理水患和興修水利始終是歷代統治者所關注的重點之一。在中國水利工程史上的諸多成就中，既有治理水患的「築堤束水，借水攻沙」的經驗，也有「營建灌渠」的傳統。在開鑿人工水道方面，修築了許多灌渠和運河，如李冰父子修築的都江堰，伍子胥領導修築的長三角運河網，史祿開鑿的靈渠，但最著名的當屬世界最長的人工河京杭大運河。（圖4-9）

京杭大運河由人工河道和部分河流、湖泊共同組成，北起北京，南達杭州，流

圖 4-9 大運河地圖

大運河又名京杭大運河，始鑿於春秋戰國，歷隋、元兩朝而全線貫成。

圖 4-10　京杭大運河通州段，插畫（荷蘭約翰·尼霍夫／繪）

約 1656 年，北京，荷蘭使團坐船通過京杭大運河通州段。

經北京、河北、天津、山東、江蘇、浙江六個省市，溝通了海河、黃河、淮河、長江、錢塘江五大水系，全長一千七百九十四公里。從西元前 486 年始鑿，至 1293 年全線通航，其歷時長達一千七百七十九年之久。它作為南北交通大動脈，促進了沿岸城市的迅速發展，歷史上曾起過「半天下之財賦，悉由此路而進」的巨大作用。它作為世界最長的人工河道而舉世聞名。在中華民族的發展史上，為發展南北交通，溝通南北之間經濟、文化等方面的聯繫做出了巨大的貢獻。 是溝通長江和珠江，中原和嶺南的最著名的大運河。（圖 4-10）

　　京杭大運河的開發史上有三次興建高潮期，即西元前五世紀吳王夫差、七世紀初隋煬帝和十三世紀元朝。春秋末年，統治長江下游的吳王夫差，為爭奪中原霸主地位北上伐齊，而調集民夫開挖運河。自今揚州向東北，經射陽湖在淮安入淮河，把長江水引入淮河，全長一百七十公里。因途經邗城稱「邗溝」，成為大運河最早修建的一段（即今之里運河）。 統一了中國並

圖 4-11 大運河運輸景象

　　定都洛陽的隋朝，爲了控制全國特別是江南地區，三次下令開挖溝通南北的運河。第一次於 603 年開挖長約一千公里的永濟渠，打通了從河南洛陽經山東臨清到河北涿郡的水道。第二次於 605 年開挖長約一千公里的通洛渠，溝通了從河南洛陽到江蘇清江（淮陰）的水路。第三次於 610 年開挖長約四百公里的江南運河，連通了江蘇鎮江和浙江杭州。定都北京的蒙元王朝，爲了不繞道洛陽而連通南北，費時十年改造京杭大運河。在河北天津和江蘇清江之間開挖「洛州河」和「會通河」，在北京和天津之間開挖通惠河，這樣就把從北京至杭州的水路縮短了九百多公里。（圖 4-11）

　　京杭大運河全程可分爲七段：通惠河、北運河、南運河、魯運河、中

圖 4-12　大運河兩岸風光

運河、里運河和江南運河。通惠河由北京市區至通縣（今通州區），連接
溫榆河、昆明湖、白河，並加以疏通而成。北運河由通縣至天津市，利用
潮白河的下游挖成。南運河由天津至臨清，利用衛河的下游挖成。魯運河
由臨清至台兒莊，利用汶水、泗水的水源，沿途經東平湖、南陽湖、昭陽湖、
微山湖等天然湖泊。中運河由台兒莊至清江。里運河由清江至揚州，入長
江。江南運河由鎮江至杭州。（圖 4-12）

▌水運儀象台——文化節奏

1601 年意大利傳教士利瑪竇（Matteo Ricci, 1552－1610）送給明代萬曆皇帝兩架自鳴鐘。自鳴鐘是一種能按時自擊，以報告時刻的機械鐘。利瑪竇為了符合中國的計時習慣，把歐洲的二十四小時改為十二時辰，把阿拉伯數字改為中國數字，還把一晝夜分成一百刻。明謝肇淛的《五雜組・天部二》有「西僧利瑪竇有自鳴鐘」的記載，清趙翼在其《簷曝雜記・鐘錶》中說，「自鳴鐘、時辰表，皆來自西洋」。這種令中國人仰慕不已的自鳴鐘，在十三世紀才出現在意大利和英國，而且其先驅竟然是中國的天文鐘。唐代的「水運渾天儀」和宋代的「水運儀象台」中的機械控制部分就是歐洲機械鐘的先驅。

渾儀是用於天文觀測的儀器，渾象是用於演示天體運行的裝置，「水運」指的是以水力為動力。唐開元十三年（725），可與畫聖吳道子媲美的梁令瓚，在天文學家僧一行（683－727）指導下設計製造的水運渾天儀，由水力驅動的齒輪系統帶動兩個小木人，每過一刻擊鼓一次，每過一時辰就撞鐘一次。現代機械學家劉仙洲曾將其作為太陽系及渾象模型給出一張復原圖。水運儀象台是水運渾天儀的發展和改進，它是韓公廉在蘇頌的指

83

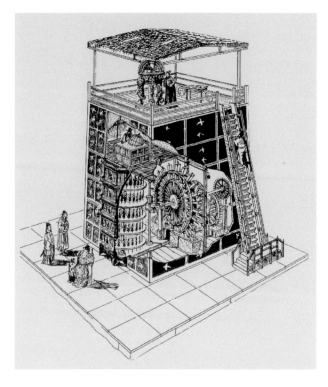

圖4-13　水運儀象台，十一世紀，宋代蘇頌發明

水運儀象台是集觀測星空的渾儀、作人造星空表演的渾象、
計量時間的漏刻和報告時刻的機械裝置於一體的綜合性觀
測儀器，可謂一座小型的天文台。

導下設計製造的，建成於北宋元祐三年（1088）。（圖4-13）（圖4-14）

儀象台是一個約十一公尺高的三層樓閣，頂層安裝一觀測用的機械化的青銅渾儀，中間層安裝一演示用的機械化的青銅渾象球，底層是一個用於報時的能打鼓、敲鐘和示牌的機械系統。這台水運儀象台運轉了三十八年，「靖康之恥」（1127）時被金兵掠往北京，重新組裝不成而終致廢毀。英國科學家坎布里奇（John H.Combridge）所做的復原裝置表明，這種機械鐘的誤差為每小時二十秒。

水運儀象台機械系統的核心裝置是，作為機械鐘運動控制裝置的擒縱器。一般鐘錶的指針和帶動它的齒輪系統是由發條或重錘提供能量的，而其每步動作則是由擺來控制的，擺帶著擒縱器每作一次往復就讓發條推動齒輪一步，放一步馬上又卡住而等待擺的下一次往復。機械鐘錶的核心部件就是擺和擒縱器，擺以其準確的週期性分割時間單位，擒縱器受物理週期控制去開啟計數系統。我們說水運渾天儀和水運儀象台是機械鐘的先驅，

84

是因為它們最早發明並使用了機械鐘的核心部件擒縱器。

　　水運渾天儀是歷史上第一個用擒縱器的機械鐘。它分割時間的辦法不是用擺，而是用北魏道士李蘭發明的稱漏。稱漏和水輪組合成一個控制系統，其中稱漏的「稱」可稱之為「梁氏擒縱器」。北宋元祐三年（1088），韓公廉在蘇頌的指導下設計製造的「水運儀象台」改進了梁氏擒縱器，在梁氏稱上加一「天衡關鎖」，以克服承重約十八公斤的秤桿頭與容水約六公斤斗輪接觸的嚴重刮磨。這個「韓氏擒縱器」控制樞輪，成為一個真正的時間測量裝置。蘇頌的《新儀象法要》（1092）詳細地描述了水運儀象台的構造。對於這台毀於金人之手的機械鐘裝置，當代科學史研究者提出多種複製方案，何種方案會獲得成功還難以判斷。

圖 4-14　蘇頌（1020—1101），字子容，泉州同安縣（今福建廈門）人

北宋天文學家、藥物學家，北宋元豐七年（1084）出任宰相。創造了水運儀象台，著有《新儀象法要》。蘇頌在藥物學方面，曾組織增補《開寶本草》（1057），著有《圖經本草》（1062），對藥物學考訂有很大幫助。

▉ 周公測景台──窺測天機

　　中國古代用以測量日影的天文儀器──磚石結構的圭表系統，位於今河南省登封縣告成鎮，相傳爲周公創建而被後世稱之爲「周公測景台」。「圭表」系統由垂直立於地面的「表」杆和南北向平臥於地面的「圭」組成，通過觀察分析表杆在圭上投影的長短確定寒暑季節，以制定指導農業生產的曆法。測景台所在地原名陽城，武則天爲慶祝其嵩山登封大典成功而改名告成。自周公以來的三千年裏，測景台幾經改造重建而非原貌，唐玄宗開元十一年（723）太史監南宮說仿周公土圭舊制換以石圭、石表，今天人們所能看到的登封測景台乃爲元代天文學家郭守敬（1231－1316）於1276年改建的形貌。（圖 4-15）

　　在《周髀算經》這部數理天文學著作中，給出八尺表高所對應的不同季節之影長。冬至丈三尺五寸，小寒丈二尺五寸（小分三），大寒丈一尺五寸一分（小分四），立春丈五寸二分（小分三），雨水九尺五寸三分（小分二），驚蟄八尺五寸四分（小分一），春分七尺五寸五分，清明六尺五寸五分（小分五），穀雨五尺五寸六分（小分四），立夏四尺五寸七分（小

圖4-15 周公測景台中的圭表石柱，河南登封元代觀星台遺址

中國古代測日影所用的儀器是「圭表」，而最早裝置圭表的觀測台是西周初年在陽城建立的周公測景（影）台，因周公營建洛邑選址時，曾在此建台觀測日影而得名。

分三），小滿三尺五寸八分（小分二），芒種二尺五寸九分（小分一），夏至一尺六寸，小暑二尺五寸九分（小分一），大暑三尺五寸八分（小分二），立秋四尺五寸七分（小分三），處暑五尺五寸六分（小分四），白露六尺五寸五分（小分五），秋分七尺五寸五分，寒露八尺五寸四分（小分一），霜降九尺五寸三分（小分二），立冬丈五寸二分（小分三），小雪丈一尺五寸一分（小分四），大雪丈二尺五寸一分（小分五）。

郭守敬對圭表系統的四項改進，將測影工程推向最高峰。一是他把表高增加到五倍，十二公尺高表的大尺度投影大大減少了觀測誤差。二是他發明的「景符」能使表影邊緣清晰，因而提高了影長測量的準確度。三是他發明了「窺幾」，得以在星光和月光下觀測表影。四是他改進測量表影長度的技術，使測量精度提高一個量級，從原來的直讀「分」位提高到直讀「厘」位，因而估計也從「厘」位提高到「毫」位。

圖 4-16　郭守敬（1231－1316），
字若思，順德邢台（今屬河北）人

元代天文學家、數學家、水利專家
和儀器製造專家。郭守敬曾擔任都
水監，負責修治元大都至通州的運
河。1276年郭守敬修訂新曆法，經
四年時間制訂出《授時曆》，通行
三百六十多年，是當時世界上最先
進的一種曆法。

遺存至今的登封測景台，除高台頂部渾儀室和漏壺室，其中主要部分是郭守敬的圭表。這圭表與大都（今北京）的圭表略有不同，它就地利用高台的一邊爲表，台下用三十六塊巨石鋪成一條長十餘丈的圭面。現在還保存有十三世紀用這個儀表觀測的數據，它們在當時都是被用於制定新曆法的很可信的數據。〔圖4-16〕

▌鄭和下西洋──海外交往

　　早在西元前七十世紀兩河流域的蘇美爾人就有了船隻，並且在河口的埃里杜城已經有船出海了。最早的海上探險者是生活在地中海沿岸的迦太基人，大約在西元前 520 年，一位名叫漢諾的人沿著非洲海岸航行，從直布羅陀海峽遠到利比里亞邊境。埃及第二十六王朝尼克法老也曾派出幾名腓尼基人試行繞非洲一周，他們從蘇伊士灣出發南行，歷經三年由地中海回到了尼羅河三角洲。十五世紀人類進入大航海時代，先有 1405 年開始的中國鄭和（1371－1435）率領規模龐大的船隊沿印度洋海岸七次下西洋，後有 1492 年義大利熱那亞航海家哥倫布（Christopher Columbus, 1451－1506）在西班牙國王費迪南資助下開闢新航線的四次橫渡大西洋，1497 年葡萄牙航海家達・伽馬（Vasco Da Gama, 1460－1524）在一名阿拉伯水手的幫助下繞非洲南端的好望角連通大西洋和印度洋航線的航行，以及 1519年開始的葡萄牙航海家麥哲倫（Ferdinand Magellan, 1480－1521）的最富科學意義的環球航行。（圖 4-17）（圖 4-18）

　　明永樂三年（1405）到明宣德八年（1433），鄭和奉命七次出使西

圖 4-17 鄭和（1371—1435），原名馬和，小字三寶，生於雲南昆明

人類歷史上最傑出的航海家。永樂三年（1405）率領龐大船隊首次出使西洋。自 1405 年到 1433 年，漫長的二十八年間，鄭和船隊歷經亞非三十餘國，與各國建立了政治、經濟、文化的聯繫，完成了七下西洋的偉大歷史壯舉。

洋（1405—1407、1407—1409、1409—1411、1413—1415、1417—1419、1421—1422、1430—1433），耗銀數十萬兩、傷亡逾萬人。船隊經東南亞抵印度，又遠達波斯灣、阿拉伯半島及非洲東海岸。二十八年間訪問了三十多個國家和地區。每次都從太倉劉家港整隊出發，每次出動船艦一、兩百艘和隨員兩、三萬人。最大的「寶船」長約一百五十公尺，舵杆約

圖 4-18 鄭和寶船，繪畫

據《明史・鄭和傳》記載，鄭和航海寶船共 62 艘，最大的長約 150 公尺，寬約 60 公尺，是當時世界上最大的木帆船。鄭和寶船具有乘坐功能的同時，也裝運進貢給皇帝的寶物，還有鄭和船隊在海外通過貿易交換得來的物品。

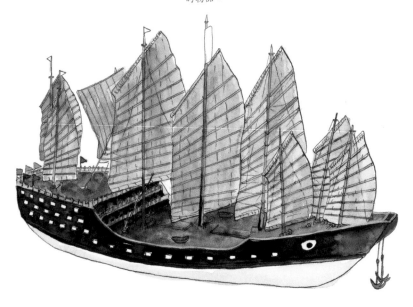

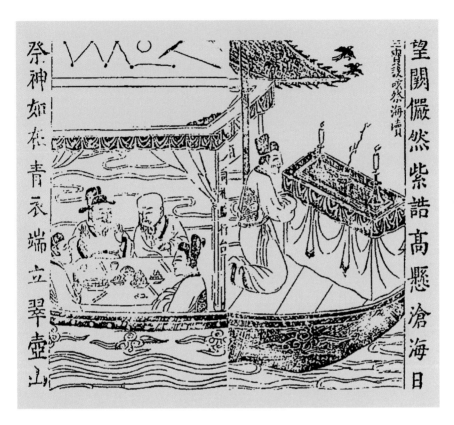

圖 4-19 《鄭和出海》，出自明刊本《三寶太監西洋記通俗演義》

十一公尺，張十二帆，可容納千餘人。船隊隨員包括官校、舵工、水手、班碇手、書算手、通事、辦事、醫士和工匠等。鄭和下西洋的壯舉展示了明代中國的技術水準和經濟實力。

　　雖然明代茅元儀所輯《武備志》中已載有《自寶船廠開船從龍江關出水直抵外國諸番圖》（後人稱《鄭和航海圖》），並有故事《三寶太監西洋記通俗演義》（圖4-19）和雜劇《奉天命三保下西洋》，但近代人對鄭和航海的關注始於 1885 年英國學者菲利普（George Philips）的論文《印度和

91

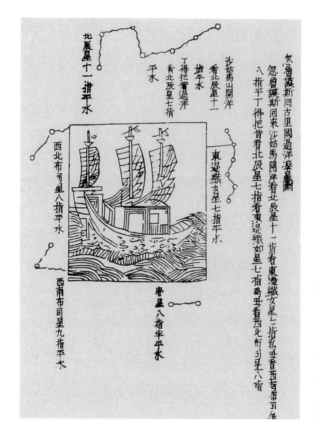

圖 4-20《過洋牽星圖》之一，出自明代茅元儀的《武備志》

牽星圖中，繪三桅三帆海船一艘，四周注明船隊航海時，舟師所使用諸星象之位置。右上角標明「忽魯謨斯回古里國過洋牽星圖」，指鄭和船隊行駛由波斯灣忽魯謨斯（荷莫茲海峽基什姆島）回印度古里國（卡利刻特）之航線。

錫蘭的海港》，其中複製了記錄鄭和下西洋所取航道及有關國名和地名的《鄭和航海圖》並考證了其中一百多個地名。由於鄭和下西洋的檔案《鄭和出使水程》失蹤，造成對這一歷史事件研究的困難。有關這項巨大工程的動因眾說紛紜，有搜剿廢帝建文帝、擴大海外貿易以解決財政困難、牽制帖木兒帝國東進的外交活動、巡遊南洋和海外交往等。對於鄭和航海所達範圍，除東南亞沿海部分外，到達大西洋和發現美洲之說都尚無明確的佐證。（圖 4-20）（圖 4-21）

圖4-21 今日劉家港

格致
經世

中國科技

⑤

產業開發
——中華之名片

▊ 青銅──後來居上

金屬的冶煉、加工和使用是農業文明最具標誌性的技術革命，不僅在提高農業生產力方面起了關鍵的作用，也爲農業文明向工業文明過渡準備了條件。首先發現和利用的金屬是天然的銅、金和隕鐵等，很久以後才找到從礦石冶煉金屬的方法。約西元前五十世紀就發現並開始利用天然銅，約西元前四十二世紀發現並開始利用金和隕鐵，約西元前三十八世紀發現天然銀並開始冶煉銅，西元前三十五世紀開始冶煉銀、鉛和合金青銅。

青銅是紅銅與錫的合金，因爲顏色青灰而名青銅。青銅較純銅（紅銅）具有更良好的冶鑄性能，因爲青銅的熔點（700─900℃之間）比紅銅的熔點（1083℃）低，而硬度一般爲銅或錫的兩倍多，含錫10%的青銅的硬度爲紅銅的四・七倍。堅硬的青銅以其廣泛的適應性逐漸取代石器、木器、骨器和紅銅器，遂有作爲生產力和科學技術水準標誌的「青銅時代」（Bronze Age），並且形成若干與奴隸制社會相聯繫的文明中心。世界大部分地區在西元前的三十個世紀裏先後進入青銅時代，首先是中亞的伊朗南部、土耳其和美索不達米亞一帶，然後是歐洲、印度和埃及，中國的青

圖 5-1 後母戊鼎

后母戊鼎以其巨大而名聞遐邇。它高
133 公分，重 832.84 公斤，形體宏偉，
外觀莊嚴。體現了中國古代青銅鑄造技
術的高超水準。

圖 5-2 曾侯乙編鐘，戰國早
期，湖北隨州曾侯乙墓出土
（湖北省博物館展）

曾侯乙編鐘是中國迄今發現數
量最多、保存最好、音律最
全、氣勢最宏偉的一套編鐘。
編鐘是一種打擊樂器，用於祭
祀或宴飲。

銅時代大體對應夏、商、周三代（前 21—前 3 世紀）。

　　中國的青銅冶鑄業後來居上，在殷周之際進入其頂峰時期。中心在陝
西、河南、山東、山西等中原地區，廣布中華大地的東、西、南、北四方。
湖北大冶銅綠山古銅礦遺址，範圍兩平方公里（南北長兩公里，東西寬一

96

圖 5-3 青銅馬車，陝西西安，秦始皇陵陪葬坑出土

銅馬車有兩輛，其大小是按實物1：2製作。兩車各駕有四匹
駿馬，車上各有一名馭手，造型十分逼真傳神。整件文物共
有零件三千四百六十二件，反映當時秦代冶煉與機械製造技
術已經達到很高水準，結構複雜程度被譽爲「青銅之冠」。

公里），展示了殷商以來中國冶銅業的發展。中國青銅業長於鑄造，以泥
範、鐵範和熔模三大鑄造工藝而著稱。中國青銅器分禮、樂、兵、車四大類，
以後母戊鼎、曾侯乙編鐘、秦始皇陪葬的銅馬車爲代表。（圖 5-1）（圖 5-2）（圖
5-3）

圖 5-4 毛公鼎，西周，清道光末年在陝西省
岐山縣出土（台北故宮博物院藏）

毛公鼎由做器人毛公得名。直耳，半球腹，
矮短的獸蹄形足，口沿飾環帶狀的重環紋。
銘文三十二行四百九十七字。

中國青銅器以其三大特點顯示其特殊的價值，以禮器為宗的思想、鑄刻銘文的歷史學價值和合範工藝的藝術價值。青銅禮器是奴隸制的一種「物化」，以其多寡和組合形式來顯示地位、身分。商代盛行以觚、爵配對組合，西周則盛行鼎、簋組合，有所謂「列鼎」制度，天子九鼎八簋，諸侯七鼎六簋，卿大夫五鼎四簋，士三鼎二簋。銘文即通常人們所說的金文，始於商代中期而發達於西周時期。漢代以來出土有銘文的青銅器多達萬件以上，從一兩個字的「族徽」到四百九十七字的「毛公鼎」。毛公鼎，作為重要的上古歷史文獻無可替代。

中國青銅器的鑄造工藝特殊傳統在於大量使用合範，因其一範只做一件的工藝特點，每件都是獨一無二的唯一存在，其藝術觀賞價值因此升高。西周的何尊、牆盤、利簋、大克鼎，春秋時期的蓮鶴方壺，戰國時期的宴樂攻戰紋壺等，都屬藝林中的珍品。（圖 5-4）

▌ 鑄鐵──從天而降

　　鐵是地殼的重要組成元素，地球上的鐵礦分佈極廣。但天然的純鐵幾乎不存在，加之鐵礦石的熔點高且不易還原，所以鐵的利用較銅、錫、鉛、金等晚。人類最早發現和使用的鐵是從天而降的隕石，它是含鐵量較高的鐵與鎳和鈷等金屬的混合物，西亞蘇美爾人的古墓中就保存有隕鐵製成的小斧。這種「天石」畢竟極少見，隕鐵器具很珍貴也很神祕。只有通過礦石冶煉得到鐵才有廣泛利用的可能，經過千餘年的長期努力，古人終於在冶銅的基礎上掌握了冶鐵技術。居住在阿美尼亞山地的基茲溫達部和居住在小亞細亞的赫梯人最早掌握了冶煉技術，約西元前十三世紀兩河流域北部的亞述人首先進入鐵器時代，在西元前十世紀，鐵的使用擴大到地中海沿岸地區，到西元前五世紀歐亞大陸的東西兩端也普遍使用了鐵器。（圖 5-5）

　　鐵的性能在很大程度上取決於其碳含量，碳含量極少的熟鐵（煉鐵）性能柔而韌，碳含量在 1.5% 至 5% 的生鐵（鑄鐵）性能硬而脆，碳含量介於兩者之間（0.5%—1.5%）的鋼性能堅而韌。冶鐵技術經歷了從煉鐵到鑄

圖 5-5 《天工開物》──冶鐵

冶鐵術傳入中原後，在已經十分發達的青銅冶煉技術
的基礎上，很快發明了冶鑄生鐵，這項工藝早西方
一千多年，從此中國的冶鐵術開始領先西方。

圖 5-6 漢代冶鐵壁畫，河南鄭州

圖中表現了冶鐵過程中的制範、
鼓風、出鐵的過程。

鐵的發展過程，並且熟鐵硬化（鋼化）和生鐵軟化（鋼化）技術起過重大的推動作用。熟鐵硬化技術是西元前十四世紀查里貝斯人的貢獻，生鐵軟化技術是西元前五世紀中國人的貢獻。高碳低矽的白口鐵，通過脫碳熱處理和石墨化熱處理，分別獲得脫碳不完全的白心韌性鑄鐵和黑心韌性鑄鐵。（圖 5-6）

戰國中期冶鐵業就已經成為手工業的重要部門，出現齊國臨淄等冶鑄中心以及趙人卓氏和齊人程鄭等鐵業鉅賈，鑄鐵器逐步取代銅、木、石、蚌器，成為主要的生產工具，《左傳》記載晉國鑄成重達二百七十公斤的刑鼎（前 513）。漢代初年位於今鞏縣的一冶鐵遺址，共有十七座有煉爐的冶鐵作坊，包括低溫炒煉爐、精煉爐、熔煉爐、反射爐、圓形或方形的鼓風爐，其技術水準可見一斑。漢武帝實行鐵業官營時（119），主管冶鑄作坊的四十九處鐵官分佈於今陝西、河南、山西、山東、江蘇、湖南、四川、河北、遼寧、甘肅等地。大的冶煉或鑄造作坊面積達數萬或數十萬平方公尺，兩、三公尺高的化鐵爐十數個，爐膛容積達四、五十立方公尺，使用

人力、畜力和水力鼓風。隋唐以後大型鑄件的生產越來越多，如著名五代滄州大鐵獅（953）〔圖 5-7〕和北宋當陽鐵塔（1061）〔圖 5-8〕。

　　中國從煉鐵（前六世紀）到鑄鐵（前五世紀）的過渡僅用了一個世紀，而歐洲遲至十五世紀才掌握了鑄鐵技術，中國的鑄鐵獨領風騷二千年。真正的鐵器時代是從鑄鐵誕生後開始的，鑄鐵是社會生產力提高和社會進步的主要標誌。漢代的中國已成為世界冶鐵的主角，唐代元和初每年採鐵二百零七萬斤，宋代皇祐年間官府每年得鐵七百二十四萬斤，元代至元十三年（1276）課鐵一千六百萬斤。

圖 5-7 滄州大鐵獅，河北

又稱「鎮海吼」，採用泥範明澆法鑄造而成，身上刻有銘文。

圖 5-8 當陽鐵塔，建於北宋嘉祐六年（1061），湖北省當陽縣玉泉山玉泉寺

原名「如來舍利寶塔」，又稱「千佛塔」。塔身全為生鐵鑄造，高約 17.9 公尺，共十三層，是中國現存最高、最重、最大的鐵塔。

▍絲綢——以身名國

中國是世界上最早養蠶織綢的
國家。漢代以降，大宗的絲織品沿
著張騫（？一前 114）兩次出使西
域（前 138 和前 119）所開闢的道
路，遠銷到以羅馬爲中心的地中海
沿岸。由於中國因絲綢而被羅馬
人稱爲「絲國」（Seres），德國
地理學家李希霍芬（Ferdinand von
Richthofen, 1833—1905）在其著作
《中國遊記》（*China, Ergebnisse
Eigener Reisen*, 1877—1912）中所
使用的「絲綢之路」（德語 die
Seidenstrasse）亦被廣爲接受。（圖

5-9）（圖 5-10）

圖 5-9　唐代初期壁畫：出使的馬隊，甘肅敦煌
莫高窟（千佛洞）323 窟

描繪張騫出使西域時與漢武帝辭別啟程的場景。

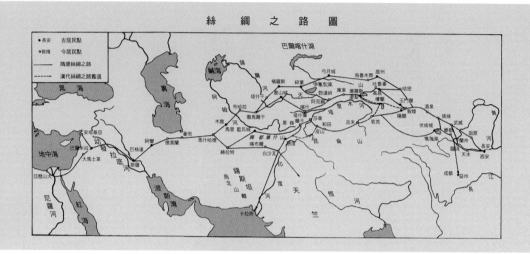

圖 5-10 絲綢之路

絲綢之路，簡稱絲路，是指西漢時，由張騫出使西域開闢的
以長安（今西安）為起點，經甘肅、新疆，到中亞、西亞，
並聯結地中海各國的陸上通道。因為由這條路西運的貨物中
以絲綢製品的影響最大，故得此名。其基本走向定於兩漢時
期，包括南道、中道、北道三條路線。

　　早在西元前三十世紀黃河流域和長江流域都已出現了絲綢的織作，至
遲在西元前十世紀華北地區已普遍養蠶。商、周時期蠶絲的織染技術提高，
有生織、熟織、素織、色織和提花技術，能染出黃、紅、紫、藍、綠、黑
等色，絲織品種類包括繒、帛、素、練、紈、縞、紗、絹、縠、綺、羅、
錦。秦漢以後蠶業絲織生產進入興盛時期，絲織品大宗輸入中亞和西亞並
轉運非洲和歐洲。由於茨充和王景的移植和改良而在漢代以後普及長江以
南，又由於魏晉南北朝時期北方遭戰火毀壞，蠶桑業中心從華北轉移到江
南。唐代中期以後私營紡織作坊興起，經宋代工藝水準進一步提高，在明、
清兩代進入鼎盛時期，蘇州和杭州成為絲織業中心。（圖 5-11）
　　羅馬凱撒大帝穿著絲綢袍到戲院看戲轟動全場，崇尚奢華的羅馬富人

圖 5-11 素紗襌衣，西漢早期，1972年長沙馬王堆1號漢墓出土

這件紗衣是軟侯夫人辛追喜歡的「時裝」，交領、右衽、直裾式，袖較寬。衣長 160 公分，通袖長 195 公分，袖口寬 27 公分，腰寬 48 公分，重 48 克，薄如蟬翼，摺疊後不盈一握。反映了當時高超的織造工藝技術，為國內所僅有，它是西漢紗織水準的代表作。

圖 5-12 蜀錦織機

蜀錦的織造在漢唐時期以多綜多躡織機為主，唐宋以來使用束綜提花的花樓織機。現代蜀錦採用的是分條整經的方式，適宜於牽彩條經。

們競相效仿，以致在查士丁尼（Justinian I, 482—565）時代引進中國蠶桑技術（552 或 536），羅馬成為歐洲第一個蠶桑生產國家。雖然怛邏斯戰役被俘絲工把絲織工藝傳到阿拉伯世界，但直到十六世

圖 5-13 蜀錦

中國四川省生產的彩錦，已有一千餘年的歷史，蜀錦的品種
花色甚多，多以經向彩條為基礎，以彩條起彩、彩條添花為
特色，在織造時有獨特的整經工藝。在長期的發展過程中，
形成獨特的風格，成為中國四大名錦之一。

紀末歐洲才有英國和法國生產絲綢。路易十四時代的法國盛行中國絲綢和
刺繡，公主也熱衷於飛針走線，國王還親自為公主挑選圖案。法國商人在
巴黎、圖爾和里昂等地設廠，仿製中國的「龍樣」絲綢衣料，並創造出一
種中西結合的風格。（圖 5-12）（圖 5-13）

▌瓷器——與國齊名

　　多姿多彩的瓷器為中國首創，其主要原料瓷石和高嶺土，在攝氏1300、1400℃的高溫中燒製而成。瓷器的顏色主要由瓷胎外表的瓷釉中所含的金屬元素決定，尤其是其中的鐵和鈣。氧化亞鐵呈綠色，三氧化二鐵呈黑褐色或赤色，四氧化三鐵呈暗褐色或黑色。歷經數千年滄桑的中國瓷器，隨其大宗外銷而成為向世界傳遞中國形象的一大媒介。中國瓷器在十七世紀的歐洲價重黃金，皇室和貴族以擁有中國瓷器為榮。古代印度、希臘和羅馬等國，稱中國為 Cina、Thin、Sinae，西方國家幾乎都用與之音近的名詞來稱呼中國。英文稱中國為 China，稱瓷器為 Chinaware，後來省掉 ware 而簡稱為 China，從而瓷器就與國齊名了。（圖 5-14）（圖 5-15）

　　瓷器源於龍山文化的蛋殼黑陶，其原始形態是商周時期的釉陶。東漢晚期瓷器燒製技術基本成熟，主要有青瓷和白瓷。唐代燒瓷業成為重要的手工業部門，並形成南青北白兩大派系。在宋代達到了瓷業繁榮的時期，元、明、清瓷窯遍佈各地並形成若干中心，汝窯、官窯、哥窯、鈞窯和定窯並稱五大名窯，青花瓷、青花玲瓏瓷、粉彩瓷和顏色釉瓷並稱四大名瓷。

圖 5-14 釉陶甲馬，北魏（陝西歷史博物館藏）

最早的釉陶是西漢時期的鉛釉陶器；流傳到國外的有春秋戰國時期的鉛釉陶器。開始時只施綠、褐黃等單色釉，到王莽時期出現同時施黃、綠、醬紅、褐色的複色釉。東漢是釉陶最發達的時期，釉陶器的種類有壺、樽、罐、洗、博山爐、瓶等，還有塢壁建築模型和俑人、猴、鴨、狗、雞等陶塑；此外，新出現了黑色釉。

圖 5-15 蛋殼黑陶高柄杯，新石器時代，1972 年山東臨沂大范莊出土（山東省博物館展品）

酒器，高 22 公分、口徑 8.8 公分、底徑 4.8 公分、柄長 8.5 公分。寬平沿，筒狀腹，柄部中空，並滿飾條形鏤孔，圈足。蛋殼黑陶因其薄如蛋殼而得名。

瓷都景德鎮窯的青花瓷，兼採青瓷和白瓷之優，以假玉美稱聞名天下，成為瓷器的代表。鄭和下西洋的龐大船隊攜帶著大量景德鎮瓷器，瓶、盂、罐、盒、爐、壺、碗、杯、盤以及佛像、人物和鳥獸的瓷像，傳播到所到的三十多個國家和地區。國際上以 China 稱謂瓷器象徵著中國是瓷器的故鄉。（圖 5-16）（圖 5-17）（圖 5-18）（圖 5-19）

從唐代開始中國瓷器輸出國外，在十七世紀晚期已形成年銷量以百萬件計的歐洲市場，明、清時期中國瓷器遍銷世界各國。燒瓷技術在宋元時期傳到東亞的朝鮮、日本和越南，十七世紀和十八世紀之交傳到歐洲，

圖 5-16 青瓷斗笠碗，宋代

青瓷是表面施有青色釉的瓷器。青瓷以瓷質細膩，線條明快流暢、造型端莊渾樸、色澤純潔而斑斕著稱於世。

圖 5-17 白釉玉壺春瓶，明代永樂年間（1403－1424）

甜白釉是明代永樂時期景德鎮御器廠燒製的一種白瓷釉色。永樂、宣德時御器廠的白釉瓷器大量摻入高嶺土，土中三氧化二鋁的含量較高，對增白起到很大作用。

十七世紀後期，遂有法國色佛爾的軟質瓷和德國邁森的硬質瓷。中國瓷器的獨特魅力改變著、影響著世界的物質文明和精神文明。瓷器初入歐洲作為權貴裝飾房間的藝術品，法國、英國、西班牙、德國等國紛紛建中國

瓷宮競榮。法王路易十四命人到中國訂製帶有法國甲冑、軍徽、紋章圖案的瓷器,使中國的燒瓷形制、色彩和圖案等也為適應歐洲人的需要有所改變,從而也出現一種糅合東西方藝術風格和審美趣味的瓷器。

圖 5-18 青花雲龍瓷扁壺,明代

青花瓷,又稱白地青花瓷,常簡稱青花,是中國瓷器的主流品種之一,屬釉下彩瓷。青花瓷是用含氧化鈷的鈷礦為原料,在陶瓷坯體上描繪紋飾,再罩上一層透明釉,經高溫還原焰一次燒成。鈷料燒成後呈藍色,具有著色力強、發色鮮豔、燒成率高、成色穩定的特點。

圖 5-19 景德鎮古窯遺址

景德鎮素有「瓷都」之稱。景德鎮瓷器造型優美、品種繁多、裝飾豐富、風格獨特。青花、玲瓏、粉彩、色釉,合稱景德鎮四大傳統名瓷。

▋ 茶葉──紳士氣派

　　中國是世界上最早發現茶樹和利用茶葉的國家。Tea（茶）這個英語外來語，意味著茶在英國文化生活中的地位。茶葉在十七世紀初是由葡萄牙人最早引到歐洲的，英國的茶葉起初是東印度公司從廈門引進的。從十七世紀中葉英國人在印度殖民地試種茶樹開始，由於英國王室率先垂範地帶頭品飲，飲茶就成為英國人的習慣，甚至成為體現紳士氣度的一種做派。十八世紀的柴斯特頓勳爵曾在《訓子家書》裏寫道：「儘管茶來自東方，但它是紳士氣派。」英國人養成了喝下午茶的習慣，在二戰物資困難的情況下，茶被列為定量配給的必需品。茶葉是世界三大飲料之一，其他兩者是咖啡和可可。

　　「茶」是「茶」的簡化字。茶在古書中一字多義，一指苦菜，二指茅草、蘆葦之類的白花，三指茶葉。在西周時期茶葉作為祭品使用，春秋時期茶鮮葉用作菜食，戰國時期茶葉作為治病的草藥，西漢時期茶葉成為飲品。在三國兩晉南北朝期間，僧人以飲茶解禪困，導致寺院附近種茶。唐代飲茶已成風氣，茶樹遍及五十個州郡，名茶品種二十多種，官府設官茶園和課茶稅。江南隱者陸羽（733－804）熟悉茶樹栽培和加工技術並擅長

品茗，著《茶經》（758）三卷十節七千言。隨著宋、元、明、清各代製茶技術的不斷革新，茶葉的生產和流通日益擴大，官商爭利致使茶法迭變，通商、禁榷、茶馬權衡遊移不定。（圖5-20）（圖5-21）（圖5-22）

　　早在南北朝時期就有中國商人在與蒙古毗鄰的邊境通過以茶易物的方式向土耳其輸出茶葉。隋唐時期開始以茶馬交易的方式，經回紇及西域等地向西亞、北亞和阿拉伯等國輸送，中途輾轉西伯利亞，最終抵達俄國及歐洲各國。明代文學家湯顯祖（1550—1616）以其《茶馬》詩描述茶馬交易興旺和繁榮，「黑茶一何美，羌馬一何殊」和「羌馬與黃茶，胡馬求金珠」。在茶馬市場交易的漫長歲月裏，中國商人在西北、西南邊陲，用自己的雙腳，踏出了兩條崎嶇綿延的茶馬古道。直到二十世紀中葉滇藏和川藏公路修通的千餘年間，茶馬古道上的馬幫一直連接著沿途各個民族。（圖5-23）

圖5-20　陸羽（733—804），字鴻漸，唐代復州竟陵（今湖北天門市）人

精於茶道，著有世界第一部茶學專著《茶經》，後世尊其為「茶聖」、「茶仙」。

圖5-21　《茶經》，陸羽著，本圖中為複製品

中國乃至世界現存最早、最完整、最全面介紹茶的一部專著，被譽為「茶葉百科全書」。由中國茶道的奠基人陸羽所著。此書是一部關於茶葉生產的歷史、源流、現狀、生產技術以及飲茶技藝、茶道原理的綜合性論著。

圖 5-22 《鬥茶圖》
（局部），古代繪畫

宋代飲茶時仍用茶
餅，但大多已不再
直接烹煮茶葉，稱為
點茶。在點茶方式的
基礎上，宋人創造出
了「鬥茶」，即比賽
茶葉與點茶技藝的高
下。圖中為鬥茶情
景。

圖 5-23 茶馬古道

茶馬古道源於古代西
南邊疆的「茶馬互
市」，興於唐宋，盛
於明清。是指存在於
中國西南地區，以馬
幫為主要交通工具的
民間國際商貿通道。

■ 漆器——第一塑膠

1907 年比利時科學家貝克蘭發明塑膠，而中國在幾千年前就已經利用的漆就是世界上最古老的塑膠。從漆樹割取的天然液汁生漆，主要由漆酚、漆酶、樹膠質及水分構成。它作為塗料，不僅有耐潮、耐高溫、耐腐蝕等特殊功能，又可以配製出不同色澤的漆料。以木、陶盒金屬等為質料的器物，其體表塗覆漆料作保護膜而成漆器。漆器因其胎體以漆反復髹塗多次，堅固耐用且色澤華麗，可做工藝品或生活用品。歐洲人熱愛的中國器物不僅是瓷器和絲綢，還包括漆器、壁紙等居家之物。1689 年法王的長兄發行獎券時，曾將髹漆的中國家具作為獎品之一。法國商船「昂菲特里特」（Amphrityite）號兩次來華（1698 和 1701），因為它從中國運去大量絲綢、瓷器、漆器，法語就叫漆器為 Amphrityite（昂菲特里特）。

中國古人早在新石器時代起就認識了漆的性能並用以製器，1976 年河南安陽出土了西元前十三世紀的一具漆木棺材，1978 年浙江河姆渡又出土了西元前四十一—五十世紀的一個漆碗。從商、周以迄至明、清，中國的漆工藝不斷發展。商周時期的漆器工藝已達到相當高的水準，戰國時期在製

圖 5-24 北宋漆碗

胎、造型和裝飾等方面多有創新，曾侯乙墓的鴛鴦盒、江陵楚墓的彩繪透雕小座屏堪稱其代表作。西漢又擴大了漆器生產的規模和地理分佈，出現了直徑逾七十公分的盤和高度接近六十公分的鐘等大型漆器。唐代的堆漆，兩宋的稠漆，元代的雕漆，明、清的罩漆、描漆、描金、塡漆、螺鈿、犀皮、剔紅、剔犀、款彩、戧金和百寶嵌等工藝，展現著漆器的工藝和藝術的發展。宋、元時期官營和私營並舉，並在江南的嘉興一帶成為漆業中心，明、清時期江南漆器名家逐漸形成各自的製作中心，包括福州的脫胎漆器、廈門的髹金漆絲漆器、廣東的暈金漆器、揚州的螺鈿漆器、山西平遙的推光漆器、成都的銀片罩花漆器、安徽屯溪的犀皮漆器、北京的剔紅漆器、

圖 5-25 「君幸酒」
雲紋漆耳杯,西漢,
1972 年湖南省長沙市
馬王堆 1 號漢墓出土
(湖南省博物館藏)

長 16.9 公分,高 4.4
公分,飲食器。斫木
胎。橢圓形,圓唇,
小平底,月牙狀的雙
耳稍微上翹。杯內髹
紅漆,以黑漆繪卷雲
紋。底黑漆書「君幸
酒」三字,即「請君
飲酒」之意。外壁和
杯底髹黑漆,光素無
紋。口沿外部及兩耳
上以朱、赭二色繪幾
何雲紋,耳背面朱書
「一升」二字表示容
積。

圖 5-26 夾紵胎漆
盤,戰國

圖 5-27　彩漆木雕龍紋蓋豆，戰國，湖北隨州曾侯乙墓出土
（湖北省博物館藏）

器身的盤、耳、柄、座由一塊整木雕成，蓋頂及耳上的仿銅
浮雕蟠龍紋雕刻細緻。龍身相互盤錯掩映，龍首的耳、目、
嘴均刻畫入微。

台灣南投的黑髹漆器等。（圖 5-24）（圖 5-25）（圖 5-26）（圖 5-27）

　　十七世紀的洛可可時代，中國漆器已大量輸入歐洲，但仍屬宮廷中的稀罕之物。路易十四時代晚期，各式漆器開始廣為流傳。昂菲特里特號從廣東返航時，載回手提箱、桌子、描金衣櫃及大小屏風等漆器多種。亦如仿製瓷器一樣，漆器也是爭相仿製的對象。與瓷器仿製的西方風格佔主導不同，漆器仿製品則是東方風格獨佔鰲頭。家具、轎子、車子、手杖無不以中國圖樣裝飾。與歐洲當時盛行的專制主義相適應，轎子成為貴族們彰顯身分之物。

格致
經世

中國科技

6

再造輝煌
——世界之中國

■ 從傳統到現代的心態轉變

　　中國從傳統科技到現代科技的過渡，經歷了從明清之際的「西學東漸」
到中央研究院建立約三百年的啓蒙期。在這漫長的時期內基本上完成了從
傳統到近代的心態轉變。這一轉變是通過明清之際傳教士的科學輸入、同
光新政時期的科技引進和知識份子發動的五四新文化運動「三部曲」實現
的。傳教士帶來了科學技術的新鮮空氣，洋務運動的示範作用造成引進近
代科技不可逆轉的局面，知識份子的科學文化運動爲科技的發展清理了文

圖 6-1　北京新文化運動紀
念館（原北京大學紅樓舊
址），北京東城區

北京新文化運動紀念館是
全國唯一一家全面展示
五四新文化運動歷史的綜
合性博物館。北大紅樓是
中國新文化運動的主陣地
和五四愛國運動的策源
地，中國共產黨早期的一
些重要活動也曾在這裏舉
行。

圖 6-2 傳教士三傑：從左至右爲利瑪竇、湯若望和南懷仁

利瑪竇（Matteo Ricci, 1552 － 1610），耶穌會意大利傳
教士、學者。他是天主教在中國傳教的開拓者之一，也是
第一位閱讀中國文學並對中國典籍進行鑽研的西方學者。
湯若望（Johann Adam Schall von Bell, 1591 － 1666），
耶穌會士，學者。1618 年前往中國傳教，1620 年到達澳
門，在那裏學習中文。南懷仁（Ferdinand Verbiest, 1623—
1688），字敦伯，又字勛卿。清初最有影響的來華傳教士
之一，他是康熙皇帝的科學啓蒙老師，著有《康熙永年曆
法》、《坤輿圖說》、《西方要記》。

化環境。（圖 6-1）

　　傳教士的科學輸入始於明清之際，以意大利人利瑪竇、德國人湯若望
（Johann Adam Schall von Bell, 1591—1666）和比利時人南懷仁（Ferdinand
Verbiest, 1623—1688）爲代表的耶穌會士們，在傳教的同時也向中國學者
傳授了一些西方的天文學、數學、地理學、生物學等方面的科學知識，還
幫助中國官方編修曆法、製造裝備觀象台的儀器和測繪中國地理全圖，甚
至製造「紅衣大炮」。儘管他們的科學活動主要在宮廷範圍內，但使中國
人接觸到了西方的科學技術。當驕傲的耶穌會士以其「歐洲文化中心論」
向具有悠久文化傳統的中國傳授西學時，中國儒士階層就以其根深蒂固的

圖 6-3 洋務運動時期的科學家：李善蘭、徐壽和華蘅芳

清末，近代著名科學家徐壽、李善蘭、華蘅芳在江南製造局翻譯處合影。

「中國文化中心論」來對抗。但這種對抗並非兩種不同類型的科學之間的衝突，而是文化傳統慣性造成的心態失衡。中國的優秀科學遺產不但不與現代科學相悖，而且是接受和吸收它的基礎，實際上中國儒士階層就正是在儒學「格物致知」延伸的意義上開始接受來自西方的科技的。（圖 6-2）

　　以洋務運動爲標誌的同光新政第一次有目的地推進了中國現代科學技術事業。官辦和官督商辦的五十多個近代的軍工和民用企業，對於中國引進現代科技起了一種示範作用。清政府除爲外交需要辦外語學校和爲強兵而設的近代軍事學堂以外，還興辦了機械、電氣、鐵路、測繪等實業學校十多所，官派出國留學生和實習生近二百名。出現了李善蘭（1811—1882）、徐壽（1818—1884）、華蘅芳（1833—1902）等科學技術專家。

圖6-4 嚴復（1854—1921）及其手稿，嚴復原名宗光，字又陵，後改名復，字幾道，福建侯官人

中國近代資產階級啓蒙思想家、教育家、翻譯家，曾翻譯赫胥黎的《天演論》。

圖6-5 《青年雜誌》創刊號，1915年9月15日出版，陳獨秀主編

1922年7月休刊，共九卷，第一卷名《青年雜誌》，第二卷始改稱《新青年》。《新青年》是個綜合性的學術刊物，每號約一百頁，六號為一卷。

通過廢科舉興學堂等教育改革措施，學校教育得以迅速發展，到1911年大專院校已達一百餘所，在校學生四萬餘人，數萬人出國留學。光緒皇帝愛新覺羅‧載湉（1871—1908）欽定的《憲法大綱》（1908）給臣民集會結社的自由，又使學會迅速發展，到清末一度發展到六百多個。雖然這些學會大多是會黨性的，但其中也有少量科學技術學會，如算學會、農學會、測量學會、醫學會、地理學會等。（圖6-3）

五四新文化運動是一場思想啓蒙運動，包括文學革命、觀念更新和科學啓

124

蒙三位一體的思想解放運動，使中國人的思維和行為方式從儒學文化傳統中解放出來。啟蒙先驅嚴復（1854—1921）改造京師大學堂的嘗試，任鴻雋（1886—1961）等一群留學美國的學生創辦《科學》雜誌，陳獨秀（1879—1942）等創辦《青年雜誌》，以民主和科學為旗幟的新文化運動拉開了序幕。蔡元培（1868—1940）以「相容並包」的方針匯流各種新思潮，使北京大學成為新文化運動和五四運動的策源地。以地質學家丁文江（1887—1936）為代表的科學派與哲學家張君勱（1887—1969）為代表的玄學派之間的論戰，有助於中國人的科學文化意識的養成。中華工程師學會等科學技術學會和中央地質調查所等研究機構應運而生，洛克菲勒基金會「中國醫學委員會」和庚款「中華教育文化基金會」等基金組織對於中國科學事業的起步起了重要的推動作用。這一切都為中國科學技術事業進入體制化

圖 6-6　為《新青年》刊物而忘我工作的錢玄同與劉半農，1916 年前後

的發展時期奠定了基礎。（圖 6-4）（圖 6-5）（圖
6-6）（圖 6-7）（圖 6-8）

圖 6-7　陳獨秀（1879—1942），
原名慶同，官名乾生，字仲甫，
號實庵，安徽懷寧人

中國共產黨的主要創立人之一。
新文化運動的發起人和旗幟，中
國文化啟蒙運動的先驅，五四運
動的總司令，中國共產黨首任總
書記。

圖 6-8　蔡元培（1868—1940），
字鶴卿，號孑民。浙江紹興人

近代民主革命家、教育家。1917
年起任北京大學校長，支持新文
化運動。中國資本主義教育制度
的創造者，任北大校長期間，他
的「思想自由，相容並包」的主
張，使北大成為新文化運動的發
祥地。

▌由格致到科學的知識銜接

「格致學」是中國科學從傳統到近代的橋樑，而它的興起又是以樸學的成就爲其基礎的。在西學東漸的刺激下，乾嘉學派「實事求是」地整理古代典籍，不僅發掘了傳統科學寶庫，而且培育了可用於探察自然的實證精神，並爲格致學同儒學的分離創造了條件。格致學從儒學中分離出來猶如西方科學獨立於宗教神學，可以視爲發生在中國的一場科學革命。理性主義、功利態度和實證精神的融會是這場革命的最重要的內在因素。而這些正是儒學傳統中「實學」思想長期發展和積累的結晶。

北宋時期署名贊寧（919－1001）的博物學著作《格物粗談》（約980）開格致學之先河，其後有元朱震亨（1281－1358）將其醫學著作定名爲《格致餘論》（1347），明曹昭（元末明初人）又將自己的文物鑒定專著題名《格古要論》（1387），明醫藥學家李時珍將本草學稱作「格物之學」，明胡文煥（生卒年不詳）將古今考證專著編輯成《格致叢書》（1593）數百種，明熊明遇（1580－1650）將自己以西學之理考察中國傳統自然知識的著作取名《格致草》（1620）。

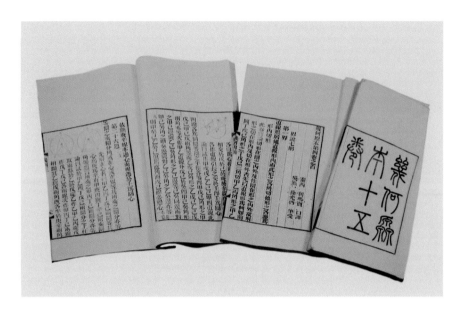

圖6-9 《幾何原本》譯本書影，徐光啓譯（上海徐匯區徐光
啓紀念館藏）

1606 年，徐光啓請求利瑪竇傳授西方的科學知識。經過一
段時間的學習，徐光啓完全弄懂了歐幾里得《幾何原本》內
容，並和利瑪竇一起把它譯成中文，以補充我國古代數學的
不足。

　　自徐光啓（1562—1633）將傳教士介紹來的自然哲學與中國的「格物
窮理」之學對等（《幾何原本序》及《泰西水法序》）以後，傳教士們也
逐漸用「格物」「窮理」和「格致」指稱有關自然的學問。意大利傳教士
高一志（Alphonse Vagnoni, 1566—1640）的《空際格致》（1626）介紹亞
里士多德的四元素說，德國傳教士湯若望的譯著《坤輿格致》（1676）是
關於礦冶學的，比利時傳教士南懷仁上康熙帝的《窮理學》（1683）利熟
卷乃當時來華傳教士所介紹的西學總匯。清陳元龍（1654—1736）的《格
致鏡原》（1735）是一部百卷本的中國傳統科學百科全書，清阮元（1764—
1849）的《疇人傳》（1795—1799）爲儒流格物學者二百四十三人立傳，

128

他們以其著作表明並非一切科學
都起源於西方。（圖 6-9）（圖 6-10）

　　洋務運動期間，「格致」被
中外學者普遍使用。美國傳教士
丁偉良（W. A. P. Martin, 1827—
1916）編譯了《格致入門》
（1866）。特別是英國傳教士傅
蘭雅（John Fryer, 1839—1928），
他與徐壽（1818—1884）在上海
創辦「格致書院」（1874），
刊行《格致彙編》（1876—
1890），編譯科學入門著作《格
致須知》叢書二十七種（1882—

圖 6-10 徐光啓和利瑪竇

1889）和教學掛圖《格物圖說》
叢書十種（？—1894）。其他以「格致」為題名的著名自然科學通論著
作還有諸如美國傳教士林樂知（Young John Allen, 1836—1907）和鄭昌棪
合作的譯著《格致啓蒙》四卷（1875）、英國傳教士韋廉臣（Alexander
Williamson, 1829—1890）的《格物探原》六卷（1876）、英國傳教士慕
維廉（William Muirhead, 1819—1884）的《格致新機》（1897）等。在西
學引進不可逆轉的形勢下，清王仁俊（1866—1913）還編撰《格致古微》
（1896）專門介紹中國古籍中有關的科學知識。

　　「格致」的流傳最終導致清政府在京師同文館設「格物館」（1888），
在京師大學堂設「格致學」（1898），在《欽定學堂章程》（1902）中規定「格
致科」為分科大學的八科之一，並將其細分為天文學、地質學、高等算學、
化學、物理學、動植物學六目。至此，格致學已被規範化。梁啓超的《格

圖 6-11　京師大學堂總教習府邸（校長辦公室），
原北京和嘉公主府（四公主府）

光緒二十四年（1898）和嘉公主府（四公主府）
成爲京師大學堂，1911 年，辛亥革命後，京師大
學堂改稱爲北京大學。

圖 6-12　晚清時的京師同文館大門

清代最早培養譯員的洋務學堂和從事翻譯出
版的機構。咸豐十年（1860）清政府成立總
理各國事務衙門，作爲總理洋務的中央機關。
同時恭親王奕訢等人建議在總理各國事務衙
門下設立同文館。

致學沿革考略》（《新民從報》1902 年第 10 號和第 14 號），把格致學的
範圍限於「形而下學」。在「格致」的名義下中西科學匯流，進而又從「格
致」到「科學」，這是中國科學近代化的一大特點。（圖 6-11）（圖 6-12）

130

▌現代科學技術體系的興建

經過較長時間的過渡和啓蒙，以 1928 年中央研究院的建立爲標誌，中國科學技術事業進入了體制化發展的時期。1956 年科學技術十二年遠景規劃的制定和 1978 年全國科學大會的召開，兩個標誌點將該時期劃分爲三個階段：1928 年－1956 年是現代科學技術在中國的奠基階段，1956 年－1978 年是中國現代科學技術的開拓階段，1978 年以後是中國現代科學技術走向以創新爲目標的新階段。

南京國民政府建立後，在中央研究院（1928）之後，接著北平研究院（1929）、中央工業試驗所（1930）、中央農業試驗所（1931）等研究機構相繼建立和《大學組織法》（1929）、《大學規程》（1929）、《學位授予法》（1935）等教育法規頒佈，特別是一些提倡和鼓勵發展科學技術的政策，爲科學技術事業的進步提供了必要的社會條件。二十世紀三十年代，理、工、農、醫各科的學系、學會和研究所都建立起來，1949 年的中國已有二百餘所高等院校、六十多個科學研究機構和近四十個科學技術學術團體，且有七百多位科學家在這些大學和研究機構中從事自然科學研究。

圖 6-13 水杉樹葉子

水杉，有植物王國「活化石」之稱。已經發現的化石表明水杉在中生代白堊紀及新生代曾廣泛分佈於北半球，但在第四紀冰期以後，同屬於水杉屬的其他種類已經全部滅絕。而中國川、鄂、湘邊境地帶因地形走向複雜，受冰川影響小，使水杉得以倖存，成為曠世的奇珍。

其中，地學、生物學和古人類學發展較早，且成績較大。中國科學家不僅在中國地圖繪製、中國植物圖譜編寫、北京猿人頭蓋骨和水杉的發現（圖6-13）、陸相成油理論和地質力學的提出、中國科學技術遺產的整理等取得具有世界意義的成就，以及預言超鈾元素存在和檢測中微子品質實驗方案等理論成果，而且在國外取得諸如正負電子對產生和湮沒現象的早期實驗等重要成就。

中華人民共和國成立後，通過中國科學院的建立（1949）、高等學校的院系調整（1952）和國民經濟建設的第一個五年計劃（1953—1957）的實施，科學研究、科學技術教育和經濟產業在發展中有計畫地配合，為中國科學技術事業的發展提供了歷史上前所未有的有利條件。1955 年，全國有科學研究機構三百八十個、高等院校二百二十九所、專門研究人員九千人，科學研究、工程技術、文教衛生三大系統中的高級知識份子已達十萬人之

132

圖 6-14 矗立在發射塔架上的展翅欲飛的長征火箭

中國自 1956 年開始展開現代火箭的研製工作。1964 年 6 月
29 日,中國自行設計研製的中程火箭試飛成功之後,即著手
研製多級火箭,向空間技術進軍。經過了五年的艱苦努力,
1970 年 4 月 24 日「長征 1」號運載火箭誕生,首次發射「東
方紅 1」號衛星成功。

多。在技術領域,材料、能源和製造等技術部門已能適當配套,中國工程
技術專家的設計製造和施工能力大為提高,已能試三千五百多種機械產品,
冶煉二百四十多種優質鋼和合金鋼。這標誌著一個大體配套的現代工業技
術體系已經初步形成。

　　1956 年制定《1956 年─1967 年科學技術發展規劃綱要》,通過幾十
項重點研究任務、數百個中心課題和十幾個重點專案,把第二次世界大戰
以來發展起來的新興科學技術都涵蓋其中。當這個規劃提前於 1963 年完成
時,科學技術研究機構已增加到一千二百九十六個,專門從事研究的科學
技術人員已達二十萬人,其中高級研究人員二千八百人。原子核物理學、

133

圖 6-15　大慶油田

大慶油田是中國目前最大的油田，於 1960 年投入開發建設，由薩爾圖、杏樹崗、喇嘛甸、朝陽溝等四十八個規模不等的油氣田組成，面積約 6000 平方公里。

圖 6-16　北京正負離子對撞機

BEPC 建成後迅速成為在 20 億到 50 億電子伏特能量區域居世界領先地位的對撞機，九十年代以來，高能物理研究所獲得了 τ 輕子品質精確測量、R 值測量、發現新共振態等重大成果，居於國際領先水準，成為世界高能物理研究中心之一。同時，BEPC「一機兩用」，成為中國眾多學科的同步輻射大型公共實驗平台，取得了包括大批重要蛋白質結構測定在內的重要結果。

圖 6-17　LAMOST 望遠鏡（國家天文台興隆觀測站）

大天區面積多目標光纖光譜天文望遠鏡（LAMOST）是一架橫臥南北方向的中星儀式反射鏡密特望遠鏡。應用主動光學技術控制反射改正板，使它成為大口徑兼大視場光學望遠鏡的世界之最。由於它的大口徑，在曝光 1.5 小時內可以觀測到暗達 20.5 等的天體。而由於它的大視場，在焦面上可以放置 4000 根光纖，將遙遠天體的光分別傳輸到多台光譜儀中，同時獲得它們的光譜，成為世界上光譜獲取率最高的望遠鏡。

電子學、半導體物理學、空氣動力學、控制論、自動化、計算數學、基本有機合成、稀有元素化學、地球化學、沉積學、海洋學、地球物理學、生物物理學、微生物學、遺傳學等新學科在中國科學院系統被重點發展。多複變函數論中典型域上的調和分析、拓撲學示性類和示嵌類研究、反西格瑪負超子的發現等重大成果，代表了當時中國的科學水準。

二十世紀六十年代中期到七十年代中期，中國科學家經歷外部封鎖和內部動亂的艱辛。在極端困難的條件下取得過一批重要的成果，不僅成功地實現了原子彈爆炸實驗、導彈發射成功和人造地球衛星上天（圖 6-14），而且取得基本粒子結構模型研究、哥德巴赫猜想證明、結晶牛胰島素合成、酵母丙氨酸轉移核糖核酸合成等理論研究

圖 6-18 秈粳雜交稻
（浙優 818），浙江
杭州植物園

成果，以及陸相成油理論指導油田開發等一批應用研究成果（圖 6-15）。

　　1978 年開始的改革開放，社會主義市場機制的確立，爲科學技術的發展帶來新的活力，國際間的合作和競爭也隨著開放的擴大而成爲重要動力。至 2006 年的二十多年裏，中國的科學技術進展較快，湧現出一大批創新成果。北京正負離子對撞機（圖 6-16）、蘭州重離子加速器、多通道太陽磁場望遠鏡和 2.6 公尺的光學天文望遠鏡等大型實驗裝置和幾十個設備比較完善的國家重點實驗室建立起來（圖 6-17）。各個科學學科和技術部門，理論、實驗和應用都取得衆多重要成果；在數學科學領域有哈密頓系統的辛幾何演算法、數學機械化研究和微分動力系統穩定性研究等；在物理科學領域有半導體超晶格理論黃朱模型、准晶體五次對稱性研究和生物膜液晶模型的理論研究等；在生命科學領域有澄江古生物化石群的發現和研究等重大成果；在地球和環境科學領域有青藏高原隆起及其影響、東亞大氣環流演化史研究和內地核自轉稍快於地幔和地殼的發現等；在高技術領域有漢字資訊處理系統和時序邏輯語言、高溫超導材料和納米銅超強延展性、人類基因組次序和水稻基因組圖譜（圖 6-18）、載人航太技術等。

化傳統遺惠為創造的源泉

科學誕生在近代歐洲而沒有誕生在中國，而且科學世界化的潮流似乎已漸淹沒了中國科學傳統。但是這並不表明中國科學傳統也失去了其未來的意義，李約瑟（圖6-19）在其《中國科學技術史》第五卷第二分冊的序言中指出，中國文化傳統中保存著「內在而未誕生的最充分意義上的科學」，並強調他不把傳統的中國科學視為近代科學的一個失敗的原型。發生在二十世紀下半葉的當代科學思想的三大轉向，即從物質論到信息理論、從構成論到生成論和從公理論到模型論，恰好與中國科學傳統之特徵契合，這或許昭示著中國科學傳統的未來意義。

圖 6-19 李約瑟
（Joseph Terence Montgomery Needham, 1900—1995）

英國現代生物化學家、漢學家和科學技術史專家。所著《中國的科學與文明》（即《中國科學技術史》）對現代中西文化交流影響深遠。

圖 6-20 電腦

1673 年，萊布尼茨
在巴黎製造的一個能
進行加、減、乘、除
及開方運算的電腦。

　　「物質論」和「信息理論」作為兩種不同的實在觀，前者主張最基本
的實在是物質，而後者則主張它是信息。長期以來的科學技術研究主要目
標是物質及其運動規律，十九世紀開始關注能量轉換問題，二十世紀才進
入信息控制階段。基於核酸分子的遺傳信息的編碼和傳遞法則，基於大腦
神經元的認知計算模型，實際上已經建立了生命科學和思維科學的信息基
礎。儘管物理科學尋找信息基礎的努力尚未成功，而「萬物源於比特」的
計算主義卻急於興起，系統、守恆和進化三大科學原理也都面臨挑戰。在
比特取代原子的信息革命中，「計算」正在成為決定人類生存的關鍵活動。
在科學領域裏計算與實驗和理論成鼎足之勢，計算思維、計算文化和計算
主義等新概念正在迅速傳播。狹義的計算主義指人工智慧研究的「認知即
計算」綱領，廣義的計算主義指一種新的世界觀，主張一切自然過程都是
由演算法支配的，整個宇宙就是一部巨大的電腦（圖 6-20）。

　　「構成論」和「生成論」是理解變化的兩種不同的觀點，構成論主張
「變化」是不變要素之結合與分離，而生成論則主張「變化」是產生和湮
滅或者轉化。這兩種觀點在古代東方和西方都產生過，但是在東方生成論

圖 6-21 哥德爾獲獎照片

1951 年 3 月 14 日，阿爾伯特‧愛因斯坦（Albert Einstein）（左）把「阿爾伯特‧愛因斯坦世界科學獎」頒發給在自然科學方面取得成就的澳大利亞數學家庫爾特‧哥德爾（Kurt Godel）（右二）和美國物理學家朱利安‧施溫格（Julian Schwinger）（右一），劉易斯‧施特勞斯（Lewis L. Stauss）（右三）站在一旁。

發展爲主流觀點，而在西方構成論發展爲主流觀點。西方以原子論爲形式的構成論獲得了巨大的成功，成爲現代科學思想的基礎之一。但放射性發現以來微觀世界研究揭示了構成論的困難，原子核自動發射的電子並不是原子核的組成成分，原子發射的光子也不是原子的組成成分，基本粒子碰撞中的粒子數變化更難以由構成論解釋。面對這些困擾物理學的變化觀，不得不從構成論轉向生成論，建立起基於產生和湮滅的量子場論。

「公理論」和「模型論」是構造理論的兩種不同方式，公理論把理論看作是由公理和定理組成的演繹系統，而模型論則把理論看作與經驗對應的模型的類比推理系統。這兩種方式自古以來就是並存的，在西方以公理論爲主要特徵，而在中國則是以模型論爲主要特徵。由於歐幾里得幾何學和牛頓力學的典範，特別是經由德國數學家希爾伯特（David Hilbert, 1862—1943）的提倡，自然科學家主流一直把公理化作爲最高理想。哥德爾定理（1931）和宇宙學理論實際上已經摧毀了這種理想，哥德爾（Kurt Godel, 1906—1978）證明了任何形式體系的不完備性，宇宙學的對象決定其理論只能依據局部物理定律和宇宙學原理構造模型宇宙。而且科學哲

139

也傾向於認爲模型論比公理論更接近和更適合現代科學的發展。（圖6-21）

　　中國傳統科學，其理論特徵有別於西方現代科學，它不是物質論的、構成論的和公理論的，而是信息理論的、生成論的和模型論的。當今世界正處於原子時代向比特時代轉變的歷史關頭，前者的思想源頭是古希臘原子論，而後者的先驅是中國古老的《易經》。萊布尼茨（Gottfried Wilhelm von Leibniz,1646—1716）（圖6-22）早在十八世紀初就追認易經符號系統是他的二進位數學的先驅，日本漢學家伍來欣造（Gorai Kinzō, 1875—1944）的著作《儒學對德國政治思想的影響》（1938）指出「二元算術與易是東西兩種文明之契合點的象徵」。早在一千年前，北宋易學家邵雍（1011—1077）就發出了計算主義的先聲，他那貫穿天人的計算目標令當代的計算科學家也望而生畏，所謂的個人計算、社會計算和雲端計算都遠不如《皇極經世》宏大。

圖6-22 萊布尼茨

德國哲學家、數學家。涉及的領域有法學、力學、光學、語言學等四十多個範疇，被譽爲十七世紀的亞里士多德。和牛頓先後獨立發明了微積分。

　　當代科學正遭受來自人類生存環境的惡化傾向、高技術評估的困難、科學與人文兩種文化發展的不平衡這三大挑戰。這種挑戰構成科學的社會危機，而這種危機又推動著科學從它的「現代性」向它的「後現代性」轉變。這種轉變對於中國的科學現代化事業來說，既是眞正的困難，又是不可錯過的際遇。

　　自然界中的生命之所以生生不息，是因爲採取了兩性繁殖的策略。作爲自然演化之延續的文化演化也類似於生物的兩性繁殖，文明的演進就根

源於不同文明之間的衝突融合，或強勢文化同化弱勢文化或結合兩種文化基因形成新文明。英國歷史學家威爾斯（Herbert George Wells, 1866—1946年）的《世界史綱》（*The Outline of History*, 1920）描繪了工業文明如何在游牧與農耕兩種文化的衝突融合中誕生於歐洲的歷史，而把後工業文明的產生問題留給了我們。按照這種歷史經驗確立的邏輯，未來的新文明必定在工商文化與農耕文化的衝突融合中產生。中華文化傳統成為創造新文明的必要條件，這給了中國重爭世界科學之旅前鋒的機會。

在世界「座標系」中考察「世界之中國」，中華民族是工業文明之旅的落伍者，在科學技術領域處於世界科學中心的周邊。作為佔世界總人口五分之一的中華民族，必須為人類做出與其人口承擔相應的貢獻。在十九世紀中葉到二十世紀中葉的一百年裏，我們以千萬計的生命為反法西斯戰爭做出的貢獻，贏得了世界政治五強的地位。從二十世紀中葉到二十一世紀中葉的一百年，我們爭取世界經濟強國地位，對世界經發展的貢獻只能是相對廉價的勞動力。從二十一世紀中葉到二十二世紀中葉，實現我們的科學強國夢，當可以智慧貢獻世界！

通常情況下，傳統的慣性是歷史的阻力，但在歷史轉折的關頭卻有可能成為創造的源泉，古希臘文明就曾經成為歐洲的文藝復興創造的源泉。德國－瑞士－美國科學家愛因斯坦（Albert Einstein, 1879—1955）曾經說過：事物的這種真理必須一次又一次地為強有力的性格的人物重新加以刻畫，而且總是使之適應於雕像家為之工作的那個時代的需要，如果這種真理不總是不斷地被重新創造出來，它就會被我們遺忘掉。讓我們沿著愛因斯坦的思路去重新發現真理吧！連接傳統的未來才是美好的！

參考文獻

[1] 杜石然等。中國古代科技史稿 [M]。北京：科學出版社，1982。

[2] 潘吉星。李約瑟文集 [M]。瀋陽：遼寧科學技術出版社，1986。

[3] 董光璧。中國近現代科學技術史論綱 [M]。長沙：湖南教育出版社，1992。

[4] 韓琦。中國科學技術的西傳及其影響 [M]。石家莊：河北人民出版社，1999。

[5] 樊洪業，王揚宗。西學東漸：科學在中國的傳播 [M]。長沙：湖南科學技術出版社，2000。

國家圖書館出版品預行編目（CIP）資料

格致經世：中國科技／董光璧著. -- 初版. --
臺北市：風格司藝術創作坊，2015.02
面； 公分. --（中華文化輕鬆讀；03）
ISBN 978-986-6330-94-0（平裝）

1.科學技術 2.中國史

541.26208 104000644

格致經世：中國科技

作 者：董光璧
出 版：風格司藝術創作坊
發 行 人：謝俊龍
責任編輯：苗龍
企劃編輯：范湘渝
地 址：106 台北市大安區安居街 118 巷 17 號 1 樓
　　　　TEL：886-2-8732-0530　　FAX：886-2-8732-0531
　　　　E-mail: mrbhgh01@gmail.com

總 經 銷：紅螞蟻圖書有限公司
地 址：114 台北市內湖區舊宗路二段 121 巷 19 號
　　　　TEL：886-2-2795-3656　　FAX：886-2-2795-4100
　　　　http://www.e-redant.com

初版一刷：2015 年 02 月
定 價：250 元

※本書如有缺頁、破損、裝訂錯誤，請寄回更換※

ISBN：978-986-6330-94-0　　　　　　　　　　Printed in Taiwan

Knowledge House   Walnut Tree

Knowledge House   Walnut Tree